Small Mergers and Acquisitions

# 士業のための スモールM&A 入門


株式会社M&Aの窓口

代表取締役社長 佐藤健

公認会計士・中小企業診断士 税理士・社会保険労務士 貝井英則

弁護士・中小企業診断士 加藤剛毅

中小企業診断士 藤田隆久



秀和システム

スモールM&A市場は士業の参入を待っている

スモールM&Aに明確な定義は存在しませんが、一般的に中小零細企業を対象としたM&Aのこと。本書では、概ね譲渡金額5億円以下のM&Aを指します。

## 士業によるスモールM&Aの時代がやってきた

日本では長らくM&A（企業の合併・買収）という手法がネガティブなイメージでとらえられてきました。「ハゲタカ」の名前に代表されるように、ドラマや小説の中で「金のために従業員や取引先を食い物にする」買手と「自分の私欲のため会社や従業員を見捨てる無責任な経営者」である売手が象徴的に描かれることが多かったためかもしれません。

そのような中でも、日本国内におけるM&Aの件数は右肩上がりに伸びており今後大きなマーケットを形成すると予測されています。

そして拡大するM&A市場の中でも、最も大きな成長が予測されるのが、

中小零細企業のM&A

いわゆる「スモールM&A」なのです。

ではなぜ今、スモールM&Aが増加しているのでしょうか？

勿論、その動機は様々です。

**・慢性的な人手不足**
**・法規制の改正**
**・顧客ニーズの多様化とライフサイクルの短縮　等々**

詳細は本編で解説致しますが、中小零細企業を取り巻く様々な環境の変化が、スモールM&Aの増加を後押ししているといえるでしょう。

中でも最も大きな要因と考えられるのが、中小零細企業の事業承継、いわゆる後継者の問題です。

一般的に事業承継のモデルは次の3つに分類されます。

**・親族内承継**　〜息子や娘、娘婿への承継

**・社内承継**　～役員や従業員への承継
**・親族外承継**　～第三者への承継　M＆A

従来わが国では「親族内承継」が主流を占めていました。

しかし今、少子化による後継者の減少がこの親族内承継を阻み、又親族に後継者候補がいても、「息子に苦労させたくない」という経営者の心情がこの親族内承継を更に難しいものにしています。

では社内承継はどうでしょうか？

実はスモール企業の場合は、この社内承継もうまく進みません。会社を引き継ぐには、株の買取資金や負債の引継ぎが必要になるからです。一般の従業員は勿論、スモール企業によくある名目だけの経営陣には大きな負担となってしまいます。そもそも経営できるだけの能力を持った人材すらいないケースも多いでしょう。

このように親族内承継や社内承継が難しくなった今、深刻化する後継者対策として

**親族外承継＝M＆Aによる第三者への承継**

が増加するのは必然とさえ言えるでしょう。

しかし、そのような可能性を秘めた市場にも関わらず、スモールM&Aにはいくつかの問題も指摘されています。

中でも最も大きな問題がM&Aの専門家不足です。

M&Aを成功に導くには、その手法を熟知したFA（M&A全体を管理するアドバイザー）は勿論、税務、会計、人事、法務等様々な専門家の支援を必要とします。ただでさえ少ない我が国のM&A専門家は、報酬が高く華やかな大手企業のM&A支援に忙殺され、苦境にあえぐスモール企業のM&Aに手が回らないというのが現状なのです。

我々はそのような現状を打破すべく「株式会社M&Aの窓口」という会社を設立し、中小企業診断士、公認会計士、税理士、弁護士といった多くの士業パートナーの皆さんとスモール案件に特化したM&Aをご支援しています。しかし昨今、弊社が提携する多くの金融機関から案件依頼が年々増加しており、今後益々多くの士業の皆さんのご支援を必要としている状況です。日ごろから、使命感と専門的スキルでスモール企業の内情を熟知し、経営者からも厚い信頼を得ている士業の皆さんの力が、今スモールM&Aに求められているのです。

スモールM&Aの業務に携わる事は決して楽ではありません。他の業務と同じように、時にはそれ以上に、大きな責任とプレッシャーに悩む日も多くあるでしょう。

しかし、同時に多くの達成感と報酬を得ることができる業務でもあります。

スモールM&Aは間違いなく中小零細企業にとって価値あるのみならず、スモール企業と同じく厳しい環境変化の波に覆われる、士業の皆様方自身を救う、魅力的な仕事でもあると確信しています。

本書では、士業の皆さんがスモールM&Aの市場に参入するための入り口として、その概要と方法を事例と共に解説致しました。手に取って頂いた士業の皆様の中で、一人でも多くの方がこれをきっかけにスモールM&Aの市場に参入頂けることを心より願っております。

目次

スモールM&A市場は士業の参入を待っている……2

第1章

# 士業にとってのM&Aとは

士業を待ち受ける未来……21
（1）単価の低下とクライアントの減少……21
（2）士業にとって成長が期待できる業務……22
スモールM&Aの時代がやってくる……24
（1）廃業はいつでもできる……24

（2）M&Aが日本経済を活性化させる……25
（3）士業の持つアドバンテージ……28
（4）大きな報酬と顧客の維持獲得につながる……29
**M&Aを取り巻く専門家の役割……30**
M&Aを取り巻く4つのポジション……30
**スモールM&Aの営業活動……35**
（1）金融機関……36
（2）行政機関……39
（3）マッチングサイト……41
（4）事業会社……43
**スモールM&Aの手数料……45**
（1）手数料の種類……45
（2）スモールM&Aの手数料の傾向……47

（3）レーマン方式……47
（4）取引金額の設定……49
（5）最低手数料の設定……51

# 第2章 スモールM&Aの実務

FA業務を通じてM&Aを理解する……55
M&Aの手法……56
（1）M&Aの手法とメリット・デメリット……56
（2）手法の選択……62
M&Aのプロセス……64

M&Aのステップは結婚と同じ…… 64
M&Aの基本ステップ…… 67
**スモールM&A推進の注意点**…… 74
（1）譲渡意思の確認を徹底する…… 74
（2）クライアントとのコミュニケーションに注意する…… 77
（3）意思決定と資料請求に注意する…… 80
（4）トップ面談を効果的に使う…… 84

## 第３章 スモールM&Aにおける売手とは

譲渡案件の発掘こそがM&A市場参入の鍵？…… 91
会社売却の３つの理由…… 92

（1）内部的要因……92
（2）外部的要因……96
（3）経営者マインドの変化……98
**多様化する経営者の価値観……102**
**売れる会社、売れない会社を見極める……104**
**スモールM&Aの特殊性……106**
**スモールM&Aにおける譲渡案件の見極め方……111**
見えない資産（営業権）とは何か？……111
見えない資産を見出すのは士業の役目……114

# 第4章 スモールM&Aにおける買手とは

誰が会社を買うのか？ 117
会社を買収する4つの動機 119
（1）規模の拡大 119
（2）隣地市場の開拓 124
（3）新規事業への進出 127
（4）その他 131
M&A市場における買手とは 135
（1）スモールM&Aにおける市場概要 135
（2）「何か良い案件があれば…」 137

（3）買手に必要な準備……138
士業としての接し方……141


# 第5章 事業価値の測り方

「正しい」会社の価値とは？……145
株価算定の「目安」となる方法……149
（1）DCF法……149
（2）類似上場会社法……150
（3）年買法……151
（4）その他の方法……151

見えない価値をどう評価するか……156
デューデリジェンスとは何か……166
（1）M&Aの実施に係る意思決定に資する情報提供……170
（2）M&Aの対価額の交渉・決定に資する情報提供……170
（3）M&A実行後の対象会社の運営戦略立案に資する情報提供……171
分厚いDD報告書が必要な本当の理由……172
一目でわかるDD……178
（1）ビジネスDD……178
（2）財務DD……178
（3）法務DD……180
（4）人事労務DD……180
（5）ITDD……180

（6）不動産ＤＤ……181
（7）知財ＤＤ……181
（8）環境ＤＤ……181
**財務ＤＤの流れ**……183
（1）資料依頼……183
（2）実地調査……186
（3）ＤＤ報告書……187
**スモールＭ＆ＡにおけるＤＤのポイント**……190
（1）詳細なＤＤを実施する必要があるか……190
（2）売手が資料を準備できない場合がある……192
（3）検出事項はあって当然……194
**財務ＤＤを依頼するときの注意点**……197
（1）公認会計士と税理士の違い……198

（2）大手会計事務所は料金が高く、中小のＤＤには慣れていない……200
（3）中小・個人会計事務所は品質が千差万別……202
**法務ＤＤの目的**……206
（1）Ｍ＆Ａ取引実行の妨げとなる法的問題点の発見……206
（2）対象会社の価値評価に影響を及ぼす法的問題点の発見……207
（3）その他買主側として把握しておくべき法的問題点の発見……207
**法務ＤＤの範囲及びチェックポイント**……208
**法務ＤＤの流れ**……212
（1）事前準備……212
（2）ＤＤの実施……213
（3）ＤＤ報告書の作成……213
（4）法務ＤＤの結果の反映……214

# 第1章

# 士業にとってのM&Aとは

# 「士業を待ち受ける未来とスモールM&Aの時代」

「クライアントが廃業してしまった」

「クライアントがM&Aで売却されてしまい、買手側の士業に交代させられた」

このような経験をお持ちの士業の方はいらっしゃいませんか？

今、士業を取り巻く環境は大きく変わりつつあります。そして今後、士業を待ち受けているのは、決して明るい未来とは限りません。

この章では、士業を取り巻く環境の変化とM&A市場への取組について解説します。

# 士業を待ち受ける未来

## （1）単価の低下とクライアントの減少

証券業界を例にとって考えてみましょう。

その昔、証券会社は対面営業による取引手数料だけで充分経営が成り立っていました。しかし、ネット取引の登場により、業界の構造は大きく変わりました。今では取引手数料は劇的に低下し、もはや、対面営業による手数料収入では経営が成り立たなくなっています。

これと同様の動きが士業の世界でも起こるのは間違いありません。

たとえば、税務会計業務を担う税理士の仕事はどうでしょう。記帳業務はクラウド会計の登場により、会計の素人でも手軽に扱えるようになってきています。今後自動化され、記帳代行が業務として不要となるのも時間の問題でしょう。そうなれば、記帳代行業務をサービスの一つとして展開する税理士にとっては業務の縮小につながっていきます。

士業の手続き業務の価値が急激に低下するのに伴い、その単価も低下していく事は容易に想像できるでしょう。

又、以前から、わが国では経営者の高齢化による事業承継が大きな問題と言われてきました。経営者のボリュームゾーンが60歳代を超えてきた今日においては、いよいよ避けられない喫緊の課題となっています。今後、後継者不在による廃業が急増することは間違いありません。当然ですが、会社数の減少は士業のマーケットのパイの縮小を意味します。

このように士業は、単価の低下と顧客の減少のダブルパンチの中で戦わなければならないのです。

## (2) 士業にとって成長が期待できる業務

では、すべての業務分野が縮小するのでしょうか?

確かに既存の多くの分野では縮小は避けられないでしょう。しかし逆に大きく成長する分野もあるのです。

例えば、「廃業支援」という分野は今大きな注目を浴びています。業績の回復が見込めない会社や後継者不在の会社を廃業へとソフトランディングさせるためのコンサルティングです。今後の厳しい経営環境と益々悪化する後継者問題を考えれば、今後の大きな成長分野と言えるでしょう。

我々の会社は、多くの金融機関からコンサルティングのご依頼を頂きます。そんな中で、最近、この「廃業支援」というご依頼は大変多くなっているのが現状です。

そして、この「廃業支援」と並び士業にとっての大きな成長分野と考えられているのが、本書でご説明させていただく中小零細企業のM＆A、すなわち「スモールM＆A」なのです。

# スモールM&Aの時代がやってくる

## （1）廃業はいつでもできる

望んで「廃業」という選択肢を選ぶ経営者はあまりいません。できることならば廃業を回避し会社を存続させたいと思う経営者がほとんどなのではないでしょうか。

実は我々に寄せられる「廃業予備軍」の中には、廃業を免れることができる（できた）会社も数多くあるのです。

廃業を模索する企業の中には、素晴らしい技術力やノウハウ、顧客を持つ会社も数多くあります。それらは、経営者の刷新や資本の参画、他社とのアライアンスによって廃業を免れることも可能なのです。

M&Aが成功すれば、会社は残り、従業員の雇用は確保され、経営者はまとまった資金を確保して引退することができます。経営者にとっても従業員にとっても、又顧客にとっても社会にとっても廃業より価値があるといえるでしょう。

もちろん、すべての会社がＭ＆Ａによって廃業を免れるわけではありません。しかし、少しでも可能性があるのであれば、廃業を最後の手段として持ちながら、まずはＭ＆Ａを検討することも可能なのです。

## （２）Ｍ＆Ａが日本経済を活性化させる

Ｍ＆Ａの対象となるのは、必ずしも、後継者がいない会社に限られません。

これまでは、中小企業は「競争力の源泉」として手厚く保護されてきました。しかし、現在の日本経済には、そのような余裕はもはやありません。日本経済の競争力を復活させるため、力のない会社には容赦なく退場してもらう時代になります。

たとえば、家電販売業界について考えてみると、昔は、町の電器屋さんでテレビなどを購入していました。しかし、それが、徐々に大規模な家電量販店にとって代わられ、今度は大手家電量販店同士の競争により、業界は集約されていきました。そして、今では勝者であったはずの大手家電量販店すらも、ネット販売の脅威に怯えています。

こういった集約があらゆる業界で起こります。

また、働き方改革で経営のハードルを上げているのも、見方を変えれば、対応できない会社をふるいにかけ、退場を促しているとも見ることができます。

力のある会社は、退場していく会社を引き受けて、より強くなっていく、そんな弱肉強食の時代となります。また、力のある会社ですら、より強くなるために他の会社と一緒になる、という選択もこれまで以上に頻繁に生じるでしょう。

このように、「スモールM&A時代」がやってくるのです。

## コラム事例　M&Aで廃業を免れた水道工事会社

K社は創業60年を誇る水道工事会社である。創業者である前社長が急成長させ一時期には、従業員50人と地元では大手の工事会社であった。しかし15年前に前社長が病気で急逝。後継ぎのいない同社を継続させるため、社長夫人であるK夫人が経営を引き継いだのである。

しかし、この承継後、景気の低迷と共に同社の経営も悪化した。当初はK夫人に好意的だった取引先や従業員も次第に離反していった。売上も低迷し、3年前から債務超過へと陥っている。58歳で経営を引き継いだK夫人も現在73歳。体力も落ち、経営の激務に耐えられなくなってきている。

―廃業の選択肢しかないのか―

K夫人から金融機関を通じて弊社にM&Aの依頼があったのがその頃である。

調べてみるとK社の経営の厳しさは予想を超えたものだった。債務超過と慢性的な赤字体質、高齢化著しい社員。引受先にアピールできる良いところは一つもないように思えた。

しかし、程なくある企業がK社の買収に名乗りを上げた。K社の下請けを務めるM社である。従業員8人のスモール企業ではあったが若い後継者のいる活気ある会社だった。実はM社の課題は下請けからの脱却である。その点、K社は公共工事への参入資格がある上、細ってはいるものの地元の大手企業とのパイプも多少残っている。新規開拓によるコストを考えれば、買収に多少のコストをかけても十分に採算があうと計算したのだ。

顔見知りでもある両者の交渉は順調に進み短期間で譲渡は完了した。K夫人も退職金を得ることが出来、無事セカンドライフを送ることとなったのである。

## （3）士業の持つアドバンテージ

スモールM&Aを推進する専門家として、士業には、M&A仲介会社にはない強力なアドバンテージがあります。

それは、中小零細企業経営者の「先生」として長年培った顧客との信頼関係です。M&Aは売手にとっても買手にとっても敏感な問題です。だからこそ顧客との間に信頼関係を築くことからすべてがスタートします。

しかし多くの仲介会社がこのスタートラインに立つことに苦慮しています。なんら面識のないM&A仲介会社が、いきなり、会社の売却を勧めたところで、経営者は簡単に首を縦に振るでしょうか。それよりも長年、苦楽を共にした顧問の先生が会社の売却を勧めた方が、経営者は会社売却を受入れやすいのです。

### （４）大きな報酬と顧客の維持獲得につながる

また、会社の売却を経営者に勧めた上、士業自身でＭ＆Ａを成立させた場合には、仲介手数料が支払われます。Ｍ＆Ａ仲介会社に紹介した場合でも、紹介料が支払われます。

そして、それ以上に、顧客が売却された場合にも、顧問先を失うリスクが格段に低下するのです。

顧問先が関与しないところで勝手に売却された場合には、顧問の士業は確実に買手側の士業に交代させられます。しかし、士業自らがＭ＆Ａに関与すれば、買手やＭ＆Ａ仲介会社に、Ｍ＆Ａ後も顧問の士業を交代しないことを交渉の条件として提示することができます。買手もＭ＆Ａ仲介会社も、案件を紹介してくれた「恩人」の意向を無下にはできません。

また、後継者がいない会社が増えている、ということは、逆に言えば、後継者がいる会社にとっては、他の後継者がいない会社を引き受けて事業を拡大するチャンスなのです。力のある顧問先の若手経営者とともに、Ｍ＆Ａを仕掛けることによって、引受先を顧問先に加えていくことができるのです。

# M&Aを取り巻く専門家の役割

それでは、士業はどのように、このスモールM&Aに関わればよいのでしょうか?

一言でM&Aと言っても、実は関わる専門家には様々なポジションがあるのです。士業として参入するためには、まず、士業自身が、M&Aにおいてどのポジションを担うかを明確にしておく必要があります。

## ❖M&Aを取り巻く4つのポジション

M&Aには大きく分けて以下のようなポジションが存在します。

### ①FA(アドバイザー)

マッチング先の選定、スキームの検討、譲渡価格に関するアドバイス等、M&A全般を管理する専門家です。M＆A全般を主導するキープレーヤーのような存在です。

一般的にM＆Aに関する専門家の中で最も多くの報酬を得やすい立場ですが、その分責任も負担も大きく、アドバイザーの活動次第で成功することも失敗（ブレーク）することもあります。

通常は、売手側、買手側双方にアドバイザーが付くのが原則ですが、スモールM＆Aでは、仲介者として、売手、買手側双方の中間に立ち成約に導くケースも少なくありません。

〈主な担い手〉
士業全般　経営コンサルタント　金融機関　証券会社

## ②紹介者

潜在的な売手、買手候補を発掘してアドバイザーに引き継ぐ役目です。

売手、買手の発掘はM＆Aにおいては重要な役目であり、その分、業務量に比べて多くの報酬を得ることもできます。

売手、買手どちらの紹介者につくことも可能ですが、売り手の発掘の方が買手に比べて難しいため、売手の紹介者の方が有利なポジションをとりやすくなります。

一般的に自社事業の譲渡については経営者も真に信頼している人にしか相談できません。よって経営者の信頼を得やすい立場で仕事をする方に参入しやすいポジションと言えます。


〈主な担い手〉

保険パーソン　税理士　弁護士　金融機関

### ③デューデリジェンス専門家

買収側の立場にたって、譲渡案件に関する調査を行う専門家です。

買収後のトラブルを回避するためには法務、財務等様々な調査は必要不可欠な業務です。

弁護士による法務DD、公認会計士や税理士による財務DDが一般的ですが、最近では未払退職金や残業代等の人事に関わるトラブルが増えている関係から、社会保険労務士による人事DDの必要性も高まっています。

それ以外にも、

知財DDを担う弁理士
ビジネスDDを担う中小企業診断士
許認可等を事前に調査する行政書士

等、様々な士業が専門性を活かして活躍することができます。

〈主な担い手〉
弁護士　公認会計士　税理士　社会保険労務士　弁理士　行政書士　中小企業診断士

### ④PMIアドバイザー

PMIとはPOST MERGER INTEGRATION（ポスト マージャー インテグレーション）の略称です。PMIアドバイザーはM&A成立後、買手側の要望に応え、統合プロセスを管理、アドバイスを担う専門家を指します。

買手にとって、M&Aの成立はゴールではなく、スタートラインに過ぎません。大事なことは買収後の統合を速やかに行い、当初の目的を達成させることにあります。

ＰＭＩアドバイザーはそのために大きな役割を担います。
重要なポジションでありながら、市場の中でも認知が遅れていたため、専門家が不足している分野ですが、今後益々重要性が増していくものと思われます。

〈主な担い手〉

中小企業診断士　経営コンサルタント　その他士業全般

# スモールM&Aの営業活動

M＆Aの業務に参入するためには、まず営業活動が必要になります。

通常営業活動といえば、直接営業と間接営業があります。

一般的なM＆Aの世界では企業にダイレクトに訪問や電話をかけ、売手買手等の見込客を発掘している大手仲介会社もありますが、スモールM＆Aの分野で各士業の皆さん方が行うには現実的な方法とは言えません。

士業が、見込客を発掘するためには、間接営業に絞り、継続的に紹介をして頂ける紹介拠点を獲得する方が効率的と言えます。

ここではスモールM＆Aに参入するうえでの有効な紹介拠点を以下解説いたします。

## (1) 金融機関

金融市場を取り巻く環境は厳しさを増しています。金融庁の方針もあり、昨今では融資業務のみならずフィービジネスによる収益確保に重点を置く金融機関も増えてきました。

従来から顧客サービスと顧客の減少対策として事業承継支援を行ってきた多くの金融機関はM&Aに対しても積極的な姿勢を持っています。しかし都市銀行や大手地方銀行等の一部を除いて、大部分の地方銀行、信用金庫、信用組合は組織内にM&Aの実務を担う専門家を持ちません。

M&Aは、そのサービスの特性から業績にばらつきがある上、担当者は専門的な知識を必要とされるために専門スタッフを配置しづらいのです。金融機関の中にはスタッフを一定期間、大手仲介会社やM&Aの専門機関に出向させているところもありますが、一時的な出向でノウハウを習得できるものでもありません。又M&Aはクレームや訴訟につながる恐れがある上、金融機関の顧客同士が売・買の当事者になった場合は、利益相反の観点から、アドバイザーのポジションにつきにくいといった理由もあるのです。

これらの問題をクリアし、金融機関がM＆A市場に参入する最も近道は、外部の機関と連携することなのです。

そのため、M＆Aを志向する多くの金融機関は、既に大手M＆A会社と提携をしています。

しかし、大手仲介会社のターゲットは中堅、大企業であるため、地方銀行、信用金庫、信用組合にとっては実質的な提携効果がほとんどないのが実情です。

**・自行の顧客を紹介しても提携先の仲介会社が取り合ってくれない**

**・手数料が高くて紹介できない**

多くの金融機関がこのような悩みを抱えています。

金融機関の信用のもとに見込客を紹介頂ければ、業務に直結しやすく士業にとってのメリットは、はかり知れないものはあります。又地元密着でスモールM＆Aを行う士業は、金融機関側にとっても提携の価値が大きく、今後スモールM＆Aを目指す士業にとっては重要な拠点と言えるでしょう。

〈現状と必要性〉

・取引先の減少
・フィービジネスへの移行
・ソリューションの拡大
・融資ニーズの発掘（買手の買収資金）

〈M&A参入への課題〉

・人材、ノウハウの不足
・訴訟、クレームの可能性
・利益相反

〈士業との連携〉

・連携の可能性、効果大
・士業個人での提携が難しい（法人化、組織化が望ましい）

## (2) 行政機関

中小零細企業の事業承継問題を国家的な課題と考える国や行政機関も様々な形で、M&Aを支援しています。

代表的なものとして、「事業引継支援センター」という中小零細企業専門のM&Aの相談窓口です。この窓口は、全国の都道府県に置かれ、センターのスタッフとそれを支援する、外部の支援機関によって構成されています。

相談窓口では、一次対応を主業務としており、具体的な業務は事前に登録した外部の支援機関に任されることになります。

スモールM&Aを志向する士業の方々は、各地域の支援機関に登録することによって、顧客を獲得することにつながるケースもあります。

登録の仕方や仕組みは、各都道府県によって違いますので、事前に窓口に確認をしてみると良いでしょう。

〈現状と必要性〉

・社会問題への対応

〈M&A参入への課題〉

・人材、ノウハウの不足

・一次対応が主

〈士業との連携〉

・登録の価値あり

・都道府県によって効果、登録の方法が異なる

### (3) マッチングサイト

Ｍ＆Ａに関するコストを下げ、スモール企業でも容易にＭ＆Ａを実行する〝セルフＭ＆Ａ〟という概念が広がっています。

特に顕著なのが、Ｍ＆Ａで最も重要な相手探し、いわゆる「マッチング」段階までは、専門家の手をかけずに独自でＭ＆Ａを進められる、インターネット上での「マッチングサイト」の出現です。

このようなマッチングサイトでは、一定の条件さえクリアすればだれでも、インターネットの中で自由に譲渡企業、譲受企業を探すことができます。又、手数料に関しても、成約時のみ、買手のみといった規約を設けているサイトが多く、手軽に自社にあった相手を探すことができるため、急速に広がりつつあります。

厳格な情報管理を必要とするＭ＆Ａとインターネットによる匿名性との狭間でクリアすべき問題はあるでしょうが、このようなマッチングサイトの活用は今後益々広がっていくでしょう。

しかし、マッチングができたとしても、譲渡契約、ＤＤ等の実務は、専門家の支援が必要です。このため、多くのマッチングサイトでは、アドバイザーをはじめ、DD、PMI等の専門家の登録を受け付け、M&Aを進める企業を紹介する制度をとっています。

そのようなマッチングサイトに登録することによって、見込客の発掘を行っていくという手段もあるでしょう。

〈現状と必要性〉

・スモール市場におけるセルフM&Aの広がり

・低コストでのM&Aの必要性

〈M&A参入への課題〉

・インターネットの中でのM&Aの情報管理の徹底

〈士業との連携〉

・マッチングサイトにおける専門家登録

## （4）事業会社

Ｍ＆Ａの広がりを受け、金融機関や行政のみならず、一般の事業会社がスモールＭ＆Ａの市場に参入する事例も増えてきました。

例えば、不動産会社は業務の特性上、早期に店舗の退店や閉店情報をつかむことができます。よって他社に比べて早い段階でＭ＆Ａによる譲渡を提案しやすい立場にあるのです。その上、居抜の譲渡であれば宅建業法で規制された手数料の上限がありますが、Ｍ＆Ａであれば自由に手数料を設定することもできるため、メリットも大きくなります。

その他、美容室に商材を納めている会社や、医療関係に特化した事業を行う会社等、一定の業界に独自のネットワークを持つ会社は、その強みを生かしてＭ＆Ａの情報を早期に収拾することができます。そういった情報を使って、仲介会社への紹介を進める会社や自社内にＭ＆Ａ専門の組織を立ちあげるケースもあります。

このような事業会社と連携することで、一定の業界に絞った案件を発掘することも可能となります。

〈現状と必要性〉
・新たな収益源の確保を狙った事業会社が参入
・業界特化した案件に強み
〈M&A参入への課題〉
・ノウハウ、人材不足
〈士業との連携〉
・業界特化したM＆Aの推進に合致

# スモールM&Aの手数料

M＆Aには専門的な知識と大きな労力が必要とされます。そのため、FAをはじめ周囲の専門家にも多額の報酬が支払われます。

我々の目指す「スモールM＆A」は中小零細企業を対象としているため、一般のM＆Aに比べれば抑えられた金額ではありますが、通常の士業の業務に比べれば多額の報酬を得るサービスであることに違いはありません。

これからスモールM＆Aに参入する士業の皆さんは、手数料体系を理解したうえで、自社の適切な手数料基準を作成してください。

## （1）手数料の種類

M＆Aの手数料は、一般的には次のような種類の手数料があります。

**①相談料**

ＦＡ契約前の相談をするための手数料。

**②着手金**

Ｍ＆Ａ仲介会社に業務の依頼をするための初期費用。

（成否にかかわらず返金されないケースが多い）

**③中間金**

基本合意書等を締結したときに支払う中間金。

**④成功報酬**

Ｍ＆Ａが成立して最終契約を結んだ後に支払う手数料。

**⑤リテイナーフィー**

Ｍ＆Ａ仲介会社に毎月支払う月額の手数料。

⑥デューデリジェンス費用

Ｍ＆Ａを行うにあたっての買収監査費用。

## （2）スモールM&Aの手数料の傾向

このような報酬体系の中で最も重要視されているのが、「成功報酬」です。成否が最後まで不透明なＭ＆Ａの世界では、事前の報酬が取りづらいため、着手金のような初期費用は低額におさえ、成否が確定した段階で報酬を頂く方が、クライアントも納得しやすいのです。

特に中小零細企業を顧客とするスモールＭ＆Ａでは、クライアントの負担を抑え、Ｍ＆Ａを進めやすくするためにも、「成功報酬のみ」しか手数料を頂かないケースがよく見られます。

## （3）レーマン方式

成功報酬の設定に決まりはありません。しかし、一般的に多くのＭ＆Ａ仲介会社では、レーマン方式という成果配分方式が採用されています。

表の通り、取引金額に応じたパーセンテージを成功報酬とするのです。

例えば、取引金額が４億円の場合は、

**４億円×５％＝２０００万円**

が手数料となり、取引金額が７億円の場合は、

**５億円×５％＝２５００万円**

**（７億円－５億円）×４％＝８００万円**

の合計額

**２５００万円＋８００万円＝３３００万円**

▼**レーマン方式**

| 条件 | % |
|---|---|
| 取引金額が５億円までの部分 | ５％ |
| 取引金額が５億円を超え１０億円までの部分 | ４％ |
| 取引金額が１０億円を超え５０億円までの部分 | ３％ |
| 取引金額が５０億円を超え１００億円までの部分 | ２％ |
| 取引金額が１００億円を超えた部分 | １％ |

が成功報酬となります。

## （４）取引金額の設定

同じレーマン方式を採用しているにも関わらず、成功報酬の金額が大きく異なるケースもあります。それは、レーマン方式の基準となる金額が異なるからです。

次のように、

**①　移動総資産を基準とする（総資産）**
**②　企業価値を基準とする（株式価額＋有利子負債）**
**③　株価を基準とする（株式価額）**

等、取引金額の設定によって、成功報酬は大きく異なるからです。

例えば、

総資産　　　８億円
有利子負債　２億円
株式価額　　３億円

の会社譲渡を手掛けたとしましょう。

其々の成功報酬は、

①　３７００万円
②　２５００万円
③　１５００万円

と大きく異なるのです。

特にスモールM&Aの場合は、債務超過の譲渡案件を取り扱うケースも少なくありません。

そのような場合は、負債の引継ぎ等を対価と考え、株価は０円として評価されますので、③

の株価のみを基準とした場合、報酬も０円となりかねません。

このように、取引金額の設定は、M&A事業の推進において重要な要素となりますので事前に慎重な検討が必要です。

## （5）最低手数料の設定

レーマン方式では５億円以下の取引金額に対しては、一律５％が成功報酬とカウントされます。

その基準をそのまま当てはめれば、取引金額が１０００万円の場合は、

**１０００万円×５％＝５０万円**

が成功報酬となってしまいます。

特に小規模の案件を取り扱うスモールM&Aの場合は、このようにレーマン方式をそのまま採用してしまうと、手数料が著しく少額となり事業の存続に支障をきたしかねません。

そのような状況を避ける方法として最低手数料を設定する方法もあります。

大手仲介会社の場合は、２０００万円程度、中堅の仲介会社の場合は、５００万円〜１０００万円程度の最低手数料を設定するケースがほとんどです。

スモールＭ＆Ａの場合でも、ターゲットの規模感等を勘案して適切な最低手数料を設定することも検討すべきでしょう。

このように、今後、Ｍ＆Ａが増加し、士業にとっても重要な業務になっていくことは確実です。しかも大きな収入を得る魅力的な事業分野でもあります。

しかし、Ｍ＆Ａなんて、触れたこともないという士業が多いのもまた事実です。次章以降ではそのような士業の方々のために、Ｍ＆Ａについてわかりやすく、明日から使えるように実務に即して解説していきます。

# 第2章

# スモールM&Aの実務

# 「スモールM&Aのツボとコツ」

スモールM＆Aも一般的なM＆Aも基本的な進め方に変わりはありません。
しかし、スモールならではのツボとコツは存在します。

# FA業務を通じてM&Aを理解する

ニーズの急拡大に伴い、M＆Aを推進するFAの不足が大きな課題となりつつあります。中でもスモールM＆AのFAには通常の知識や経験に加えて中小企業の現状を理解し経営者の心情をケアする力が求められます。その点、日ごろから中小零細企業の経営者と接し又信頼の厚い、中小企業診断士、税理士、会計士、社会保険労務士といった専門家がFAとしてこの業務に携わる事は大変有効といえるでしょう。その他、各種DDをはじめ、契約書の作成、M＆A後の統合作業（PMI）にも弁護士、中小企業診断士等、各種専門家の支援が不可欠です。まさにスモールM＆Aは士業の業務の宝庫と言っても過言ではないのです。

ここでは、これからスモールM＆Aを志向する士業の皆さんは是非このFAの業務を通じてM＆Aの全体像を把握して頂ければと思います。

# M&Aの手法

## （1）M&Aの手法とメリット・デメリット

M&Aというと、経営や所有を完全に移譲する株式譲渡や事業譲渡のみをイメージする方が多いかもしれません。しかし実際には、移譲の範囲や双方の目的、リスクに合わせ、提携や資本参加といった様々な形態が存在するのです。

### ①株式譲渡

株式譲渡とは、売手企業の株式を、買手に売却することによって、売手企業の経営権を移転させる方法です。株式を移転させるだけで売手企業の持つ資産や権利、取引先など様々な資産を移転させられる簡便な方法であり、一般的に最もよく利用される手法でもあります。

【メリット】

・簡便な手法なので早期の譲渡に適している。

・売手の持つ許認可や権利、取引先との契約などもそのまま引き継げる。

・会社の株式を持つオーナーに譲渡資金が入るため、相続対策などに活用できる。

【デメリット】

・簿外債務などのリスクを引き継ぐ恐れがある。

・買収資金が高額になるケースが多い。

**②事業譲渡**

事業譲渡とは、売手企業全体ではなく事業

▼M＆Ａとは？

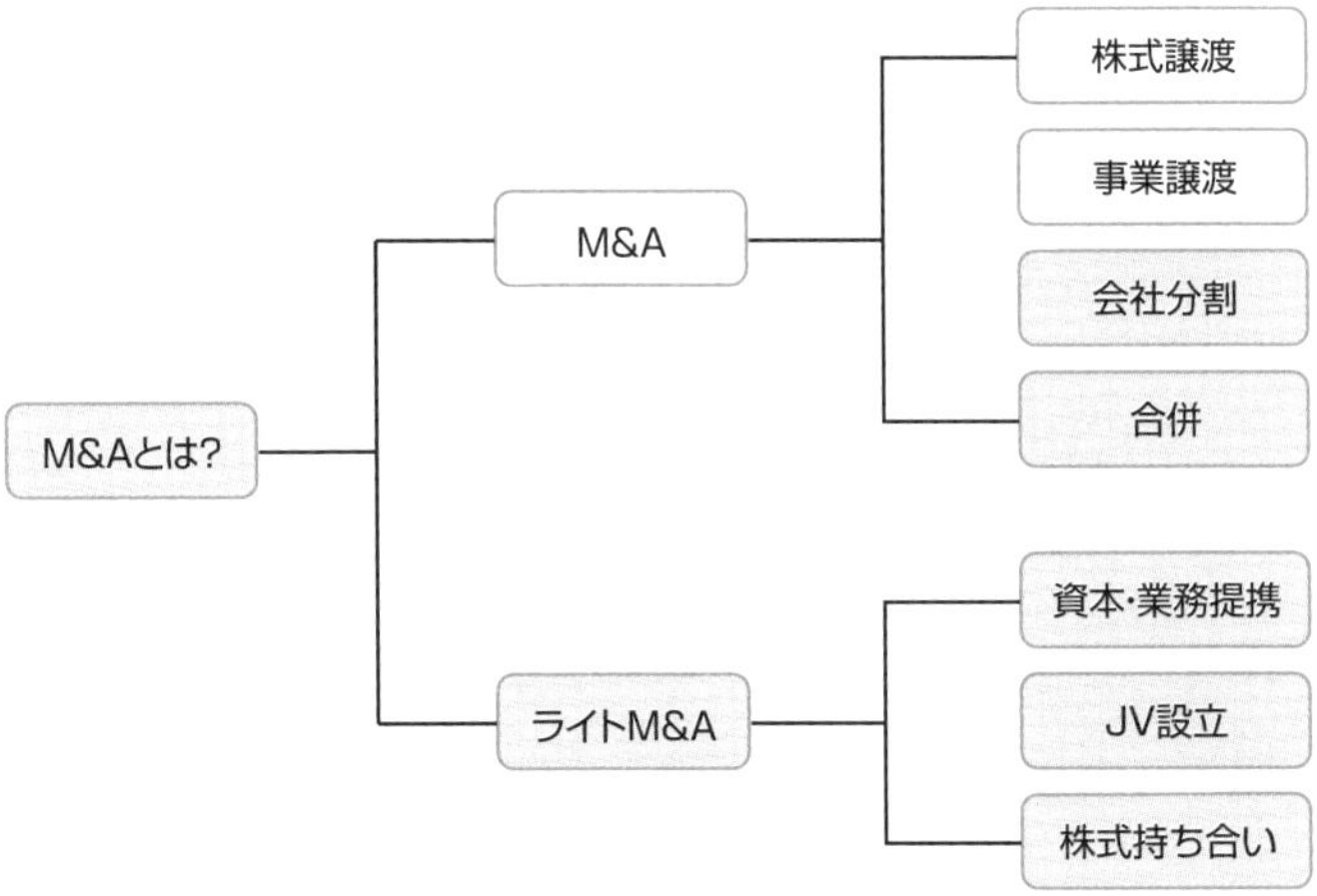

部分だけを切り分けて譲渡する方法を指します。売手にとっては不要な部分のみ譲渡でき、買手にとっては必要な部分のみに絞って譲受できる効率の良い方法と言えるでしょう。多くのビジネスモデルを持つ企業が「選択と集中」によってグループ内の経営資源の見直しをするのに最も適した方法でもあります。

【メリット】

・企業全体（株式）を譲渡する場合に比べて譲渡対象となる事業の資産が限定されるため、売手買手双方にとって必要な資産のみを譲渡・譲受できる。
・譲渡対象資産が明確であるため簿外債務を引き継ぐ恐れが少ない。

【デメリット】

・取引契約や賃貸借契約などを一つ一つ移転させるといった手続きが煩雑である。
・許認可や契約などは引き継げない可能性もある。
・譲渡資金は株主ではなく売手企業に入るため、企業からオーナー（株主）への支払い手続きが必要となるケースがある。

### ③合併

合併とは、売手と買手を合わせて一つの組織にする手法です。譲渡対価を金銭ではなく資産や株式等で収受できるため、金銭的な負担が少なくて済みます。

【メリット】

・組織、会社を一つにすることで、事業運営経費などの効率化を図ることができる。

【デメリット】

・手続きが煩雑な上、互いの企業文化を融合させるなど、PMI（合併後の統合手続き）に多くの労力が必要となる。

### ④会社分割

会社分割とは、売手企業を複数の会社に分割して、必要な会社のみを譲渡する方法です。多様なビジネスを展開している会社が、将来性や収益性などを考慮して「選択と集中」により経営資源を再構築するのに適した方法といえます。

【メリット】

・売手買手双方が必要なビジネスのみを選んで譲渡・譲受することができる。

・契約・社員などをそのまま引き継げる。

【デメリット】

・手続きが煩雑である。

**⑤資本・業務提携**

資本・業務提携とは、互いのノウハウや技術などのシナジーによって経営課題を解決する方法で、広義のM&Aの一種と言えます。譲渡や合併と違い、経営の支配権が移らず、提携の解消も比較的容易なケースが多いため、M&Aの準備段階として利用されるケースもあります。

加えて、資本提携により互いの経営への参画や財務支援なども併せて行う場合もあります。

【メリット】
・技術、ノウハウ、人員、販売チャネルなどの経営資源を早期に獲得できる。
・譲渡資金などのコストが掛からない。

【デメリット】
・資本提携の場合は関係解消が難しい。
・互いに提供したノウハウや技術などが外部に流失した場合、結果的に訴訟に発展するなどの恐れがある。

### ⑥ＪＶ（ジョイントベンチャー）設立

ＪＶとは、互いの出資により、合弁会社を設立して経営にあたる手法です。本体から切り離し、所有権を分散させることによって、経営リスクを抑えることができます。

【メリット】

・経営リスクが分散される。
・互いのノウハウやリソースを一つの会社で融合させることで強い関係を築くことができる。

【デメリット】

・解消にあたってはパートナーとの意見調整が必要になる。

## (2) 手法の選択

以上のようにＭ＆Ａには様々な手法があります。

ＦＡはM＆Aを推進するにあたって、先の手法から、売手買手双方の

・保持したい経営権の度合い（持ち株割合等）
・許認可、契約等の引継ぎの有無
・従業員や資産、負債等の引継ぎの有無
・期間、スケジュール

等の諸条件、希望を勘案し、どの手法を選択するかの検討を行います。

# M&Aのプロセス

次にM&Aの基本的なステップについて以下に解説します。

## M&Aのステップは結婚と同じ

M&Aとは企業と企業とを結びつける手法です。そういった意味では、人と人とを結びつける結婚と同じようなものだといえます。売手と買手は結婚を望む個人であり、両者を結びつける結婚相談所が我々仲介会社と考えて頂ければわかりやすいのかもしれません。会社によって違いはあるでしょうが、結婚相談所は概ね次のようなステップで結婚を望む両者を結び付けていきます。

第一ステップ　顧客への告知、営業

チラシ、CM、インターネット等様々な手法を使い、結婚へのニーズを喚起します。同時に結婚を希望する個人へアプローチします。いわゆる結婚相談所の営業活動です。

第二ステップ　契約・申込

結婚希望者と面談し、システム、料金等を説明します。ご納得頂ければ正式に申込をして頂きます。ここから結婚相談所の本格的なサービスがスタートします。

第三ステップ　本人資料の作成とニーズの確認

申込が終われば、まずは本人を紹介するための資料を作成します。学歴、年収、仕事、家族構成等、本人がどんな方かを相手に理解して頂けるよう様々な資料を作成します。同時に、希望する相手の条件等もヒアリングします。

第四ステップ　マッチング

データベース、ネットワークを使って、相手を探します。多くの場合、最初は匿名の簡単なプロフィールを提供し、関心があれば、個人情報も含めて詳細な内容を相手へ提供します。

### 第五ステップ　情報交換　お見合い

両者納得の上、交際をスタートさせます。お見合い等をセッティングし、互いがより理解し合えるよう後押ししたり、交際に臨むためのアドバイスを両者に行ったりします。

### 第六ステップ　信用調査

相手に良い印象を持ったとしても短期間ですべてを知るのは難しいと判断した場合には、外部の協力を頂きながら、信用調査を行うことがあります。結婚相談所はその場合の外部機関の紹介やバックアップを支援します。

### 第七ステップ　婚約、結婚

両者の意思が一致すれば、結婚式を挙げます。又ご希望により結婚式の前に、婚約や結納等の準備ステップを踏むケースもあります。

### 第八ステップ　婚姻届提出　結婚生活のスタート

正式な婚姻届の提出とともに法的な結婚が始まり、結婚相談所のサービス完了となります。

両者はここから事実上の結婚生活となります。

各社によって状況は違っても、概ね結婚相談所は以上のようなステップでサービスを提供します。

実はM＆AにおけるFAの役割もほぼ同じステップを踏むと考えて頂いて良いでしょう。

## M&Aの基本ステップ

### 第一ステップ　営業活動

第一ステップは、次のページの図の「アドバイザリー・仲介契約書」以前の活動になります。契約に至る前に、まずは売手、買手希望者を発掘します。そのためのセミナー開催、紹介拠点の確立、DM等様々な手法で潜在化している見込客へアプローチします。

▼M&Aのプロセス

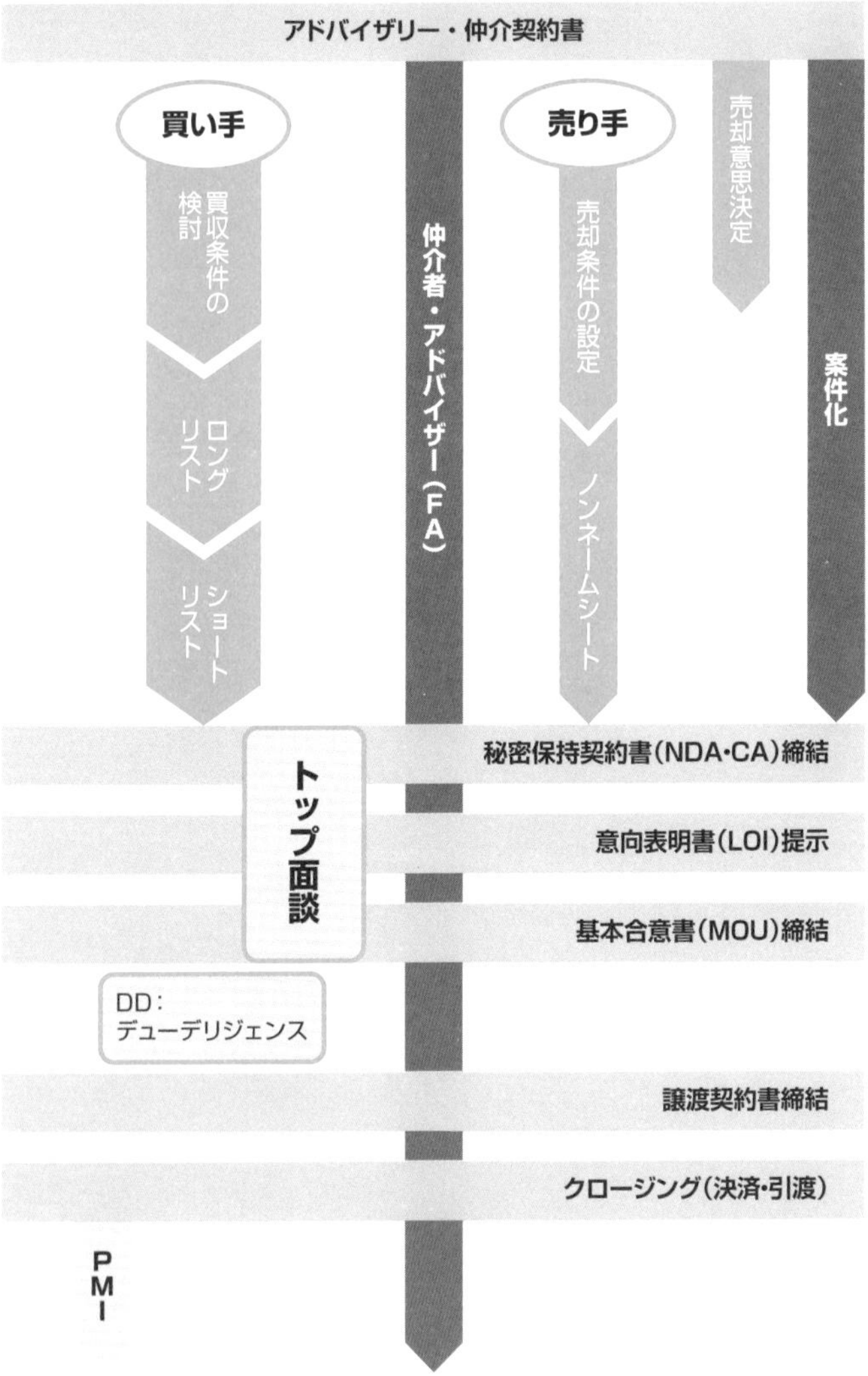
アドバイザリー・仲介契約書
買い手
買収条件の検討
ロングリスト
ショートリスト
仲介者・アドバイザー（FA）
売り手
売却条件の設定
ノンネームシート
売却意思決定
案件化
トップ面談
秘密保持契約書（NDA・CA）締結
意向表明書（LOI）提示
基本合意書（MOU）締結
DD：
デューデリジェンス
譲渡契約書締結
クロージング（決済・引渡）
PMI

### 第二ステップ　契約

第二ステップは、「アドバイザリー・仲介契約書」にあたる活動です。

見込客に対して、M＆Aの流れ、提供するサービス、料金等をご説明し納得頂ければ正式なFA契約を締結します。

通常FA契約書には、

- 業務の内容、範囲
- 契約期間
- 専任、一般等の契約形態
- 手数料の内容、支払い時期
- 契約解除の条件
- 直接交渉の禁止

等の項目を盛り込みます。

## 第三ステップ　案件化

第三ステップは、「アドバイザリー・仲介契約書」締結後、具体的にマッチングを進めるための準備活動です。

譲渡企業であれば、決算書やヒアリングを通して、会社の状況、今後の事業予測、譲渡条件、希望する相手先等を確認した上で主に以下のような資料を作成します。

**・ノンネームシート**

譲渡企業の概略をまとめた資料。秘密保持契約締結前に開示されることもあるので匿名で相手先が特定されないように作成される。

**・インフォーメーションメモランダム**

会社概要書とも呼ばれ、ＩＭ等と略される。譲渡企業の情報を詳細にまとめた資料であり、買手はこの資料を基に交渉を検討する。

## 第四ステップ　マッチング・秘密保持契約書

譲渡先、又は譲受先を探し両者を結びつけます。最初はノンネームシートと呼ばれる匿名の簡単な資料を提供し、具体的な検討の段階で、ＩＭ等を提供します。資料の提供にあたっては、情報が拡散しないよう秘密保持契約書を締結します。

### 第五ステップ　交渉

第五ステップは、図の「意向表明書」から「基本合意書」「トップ面談」に該当するステップです。

双方で情報を交換しながら交渉を纏めていきます。交渉が進む過程で、より理解を深めるために両者顔合わせの場であるトップ面談を設定します。

又、状況に応じて、

・**意向表明書**　買手候補が売手に対して、譲受の希望を明らかにする書面
・**基本合意書**　双方が現時点で合意している内容や今後の進め方を明らかにする書面

等の作成、締結を支援します。

### 第六ステップ　買収調査（デューデリジェンス）

買手が売手に対して行う調査であり通常ＤＤと略称されます。通常は「基本合意書」締結から「譲渡契約書締結」の間で行われます。第５章で解説する財務ＤＤや法務ＤＤが代表的ですが、状況に応じて、

・**人事労務ＤＤ**　人事面でのリスク等を調査、検証する。
・**ビジネスＤＤ**　統合後の相乗効果や事業面でのリスク等を調査、検証する。

等のＤＤも行います。

### 第七ステップ　譲渡契約

双方の意向がまとまれば、正式に譲渡契約を締結します。ＦＡは弁護士と協力のもと譲渡契約書を準備します。

譲渡契約書には主に次のような項目が盛り込まれます。

・**譲渡条件**　　金額や支払い方法等
・**クロージング**　　譲渡の期日や実行方法、譲渡代金の支払い方法
・**前提条件**　　正式に譲渡するために満たすべき条件や遵守すべき項目
・**表明保証**　　双方が一定の項目について真実かつ正確であることを保証する項目
・**遵守事項**　　売手、又は買手がM＆Aの最終過程において、相手に対して守るべき項目
・**補償**　　表明保証やその他義務違反等が判明した場合の損害補償
・**一般条項**　　秘密保持、公表、準拠法、管轄裁判所等についての項目

## 第八ステップ　クロージング

譲渡契約書に基づいて実行する上での書類等が確認できたら、会社や事業を正式に譲渡し、同時に譲渡代金の支払い等も行います。ＦＡはこれらの作業が円滑に進むよう管理します。

# スモールM&A推進の注意点

基本ステップは以上となりますが、必ずしもM&Aがこのようなステップ通りに進むとは限りません。何故なら同じ人間が二人といないように、事業も法人も様々だからです。事業内容も財務内容も、そして経営者の考え方も違う中、売手と買手の意向を調整し、クロージングに導くためには、その場の状況に応じた臨機応変な対応がFAに求められます。

ここでは、中小零細企業をターゲットとするスモールM&Aを進めるFAが注意すべきいくつかのポイントを、事例を交えて解説していきます。

## (1) 譲渡意思の確認を徹底する

**事例** 譲渡意思の不徹底で案件がブレーク

Mさんがベビー用品のECサイトをスタートさせたのは3年前だった。外国人のご主人と結婚、出産を経験したが、日本で販売されているベビー服に不安を感じたのがそのきっかけだった。国際的な基準に沿った海外のオーガニックコットンのベビー服を輸入し、ECサイトで日本のユーザーに販売するビジネスはすぐに軌道に乗った。しかし、そんな折、ご主人の海外転勤が決まったのだ。Mさんは子供と国内に残り、ビジネスの継続を希望したが、当初からMさんのビジネスに否定的だったご主人の意向もあり、結局事業を譲渡することになった。

Mさんから相談を受けた顧問税理士は、Mさんの譲渡意思の確認もそこそこに案件化を進め、FAとして自身の税務クライアントに買収の意向を打診した。将来性のある事業は好感を持たれ、交渉はとんとん拍子に進んだが、最終段階に差し掛かった時に、FAはMさんの突然の来訪を受けた。来訪の目的はなんとM&Aを中止したいとの内容である。自分が立ち上げた事業の譲渡に心底納得できないMさんは昨晩ご主人と話し合い、結局海外でECサイトを運営することを条件に事業の継続を納得してもらったのだった。

FAはMさんと話し合いを行ったが、今回のMさんの事業継続の意思は固く譲渡は中止となった。クライアントである買手は激怒。担当FAは報酬を一切手にすることなく、重要な税務クライアントの信用をも失う結果となった。

### 〈対応〉 売手の譲渡意思の確認を徹底する

会社や事業の譲渡は大きな決断を要します。長年心血を注いだ企業は勿論、Mさんのようにスタートして数年の事業でさえ、経営者にとっては我が子のような存在だからです。

事例のように、譲渡の終盤、場合によっては譲渡契約の直前に譲渡を撤回する経営者はスモールM＆Aの世界で度々目にします。特に成功報酬でM＆Aを進めるFAは、取引をスタートさせるのを急ぐあまり、売手の意思確認を曖昧にして業務にとりかかるケースもあるからです。そのような行為は、結局FAにとって無駄な行為に終わる上、買手候補や買手FAからの信頼も失う結果につながりかねません。

だからこそ、スモールM＆Aに携わるFAは、M＆Aをスタートさせるにあたって、売手の意思を徹底して確認する必要があるのです。

## （２）クライアントとのコミュニケーションに注意する

**事例**　コミュニケーションの失敗で案件が頓挫

Ｔさんは自動車修理工場を営む創業社長である。幼いころから車が好きで、２０代で起業。当初は修理等が専門であったが、現在は特殊自動車の板金加工も手がけ安定した業績を確保してきた。８０歳を超えた今でも、自ら現場で作業する等、職人気質の社長でもある。

しかし体力の衰えと共に事業承継の必要を感じるようになったが、子供のいないＴさんは、金融機関の勧めでＭ＆Ａによる親族外承継を決意した。

金融機関から紹介されたＦＡは大企業のＭ＆Ａを経験した公認会計士のＷ氏。専門知識も豊富でＭ＆Ａの経験もあるＷ氏に、Ｔ社長も好感を持ちＦＡ契約は滞りなく完了し滑り出しは順調に見えた。

しかし様相が変わったのは、資料作成の段階である。Ｔ社長は普段からメールは使えず、連絡は電話に限られ、資料のやり取りは郵送でしかできないのだ。Ｗ氏は決算書などの必要資料を仕方なく郵送で送るようT社長に依頼したが期日までに届かない。督促の電話をかけてもつながらず、やっと送られてきたのは約束期日の2週間後だった。その資料も不備だらけで、再度督促が必要な有様である。決算書の内容も確認すべき点があるが、メールを使えないT社長と連絡を取るのは至難の業だ。連絡がついても「詳しいことはよくわからない」「税理士に確認しておく」といった曖昧な返事に終始するため、その度にT社への複数回の訪問を余儀なくされた。

業を煮やしたW氏は、面談時に強い口調で督促を行うと、それ以後、T社長は携帯電話にも出ず、会社に電話しても居留守を使うようになってしまった。やがてT社長とコミュニケーションが一切取れなくなったW氏は、FA契約を解除してこの案件から手を引かざるを得なくなった。

---

〈対応〉クライアントとのコミュニケーションの取り方に注意する

現在では、多くのビジネスマンにとってメールやインターネットは必須のコミュニケーション手段でしょう。しかしスモール企業の経営者、特に事業承継を考える年配の経営者の中には、メールやSNSを一切使えないといった例は珍しくありません。一見何でもないことのようですが実は、豊富な経験を持つFAであっても、スモールM＆Aに苦戦する大きな理由の一つとして、そういったコミュニケーション手段のギャップにあることが多いのです。

又、資料の収集にしても、スモール企業の場合は、管理資料が完璧に整っていることはほとんどありません。大企業では当たり前のことがスモール企業では大きな労力を必要としたり躓く原因となるのです。

しかしこのような現状に直面しても、過度に反応したり感情的になってしまえば、まずスモールM＆AのFA業務を進めることはできません。

常日頃からスモール企業の経営者に対処されている士業の皆様はお分かりの通り、状況をあらかじめ予測し、

・期限に余裕をもった依頼を行う
・奥様や顧問税理士等を活用して協力を仰ぐ

等のほか、

・いつどのような方法でコミュニケーションをとるのが適切か

といった点を入念に打合せしておくことが重要なのです。

### （3）意思決定と資料請求に注意する

**事例** 大企業の官僚主義でブレーク

中小企業診断士であるFA、Eさんがゴルフ練習場を営むK氏から、S社の買収支援を依頼された時のことである。

S社は人口拡大が予想される好立地に位置する魅力的なショートコースを所有している。しかし社長であるS氏は高齢な上に先代から引き継いだこの会社の運営にそれほど熱心ではなかったため、譲渡に踏み切ったのである。

S社の買収に名乗りをあげたのは、K社長の他、国内外に広く展開する大手企業のZ社であった。売手であるS社のFAは、この2社を候補先として買収金額の提示を要請してきた。買収に意欲的なK社長は自らこのM&Aを担当し、Eさんを通じて精一杯の買収資金を提示した。しかし相手のZ社は資金豊富な大企業である。金額提示はS社に不利な結果となった。売手FAは、まずZ社との交渉を優先させる旨、Eさんに連絡をしてきたのだ。

状況が変わったのは、その2か月後の事である。売手FAから、Z社との交渉打ち切りとK社との交渉を再開させたい旨の連絡が来たのだ。

当初は、豊富な資金力と好条件に売り手であるS社長もZ社への譲渡に前向きだった。しかしFAを使わず管理部門の課長自ら交渉の窓口となっていたZ社からS社のFAに届いたメールは目を疑うものだった。交渉初期段階にも拘らず、そこには200種類の必要資料と320項目にも及ぶ質問事項が列挙されていたのだ。どれも回答期限が間近に設定されている。しかも内容を精査すると重複する質問や既に提出済みの資料が多く含まれている他、質問の意図が不明なものも数多くある。

売手FAは早速Z社の担当者に内容を問い合わせた。すると、担当課長は財務、人事、法務といった各部門長に、買収におけるリスク評価を依頼。各部門は其々何十種類もの資料や確認事項を列挙し、それを確認しないままに取りまとめて送られたのだとわかった。

ＦＡは担当課長に対応を要請。重複した資料や意味不明の質問項目等を整理して頂くようお願いしたが、「必要なので出してくれ」の一点張りである。又、交渉の過程でもＺ社は意思決定に難があり、細かな事を決めるにも、社内の稟議を経て数週間の日程を要した。結局業を煮やしたＳ社長がＺ社との交渉を打ち切ったのであった。

その後、Ｋ社長の素早い意思決定に好感を持ったＳ社はＺ社よりも低い提示金額にも関わらず、Ｋ社の買収に応じた。

〈対応〉迅速な意思決定と無駄な要求の排除

Ｚ社の失敗は、売手に対して買手が大きな組織である場合に起こりやすいケースでもあります。

買手にとってＭ＆Ａは大きなリスクを要します。そのため、事前の資料請求や確認の徹底は当然必要でしょう。しかし売手がスモール企業である場合、その対応には時間的にも内容的にも限界があります。その点を斟酌せずに一方的に膨大な資料請求や矢継ぎ早の質問をすれば売手の意欲は低下しかねません。

買手が大きな組織である場合は、社長や会長といった意思決定権者ではなく、権限を持たない管理者が窓口となるケースはよく見られます。このような担当者の主要な関心事は多くの場合「M&Aの成功」ではなく「問題が起こった時にいかに自分の責任を問われないか」という点に置かれます。そのため、意思決定に何度もの会議や稟議を通して、多くの人間が関与し、不要なほどの確認が繰り返されます。いわば失敗の責任を問われないためのアリバイ作りに多くの時間が費やされるのでしょう。

そのような大組織の欠点が、重複した質問や過度な資料請求、意思決定の遅さにつながるのです。

このようなブレークを避けるために買手に必要とされるのは、「徹底はするが過度な要求はしない」という心構えです。

そのためには、

・要求する資料の絞り込みを行う
・質問の意図を十分に伝える
・余裕を持った期限を設定する

といった点が重要と言えるでしょう。

又、あらかじめ意思決定の方法を決めておき、迅速な対応を心がけることも重要です。それらを促し、資料の要求や確認事項の交通整理を行うことが、FAに必要とされるのです。

## (4) トップ面談を効果的に使う

### 事例 トップ面談で譲渡先を決定

M社は地方都市で酒類卸業を営む会社である。M社長は地域経済団体の要職を経験する地元の名士であり、歴史のある会社は大手ビールメーカーや有名酒蔵の特約店の契約を保有するほか、顧客基盤も比較的安定していた。しかし、流通の再編や若者を中心とした酒類消費の低下から今後経営への悪影響が予測される上、M社長には後継者不在という不安があった。M社長は早期の会社譲渡を決意した。

良質な譲渡案件でもあるM社の買収には早速5社が名乗りを上げた。いずれも好条件での買収提案であり甲乙つけがたいものばかり。意思決定には時間を要するように思えた。担当する売手FA、H氏はこの段階でM社長にトップ面談を提案した。会社や地域への影響を考え、迅速な決定に同意したM社長は早速5社の候補先すべてとの面談を行う事とした。

金融機関の支店長室で2日間にわたって行われたトップ面談翌日、FAであるH氏はM社長から連絡を受けた。「P社への譲渡を進めて欲しい」という内容だった。

実はP社は今回の面談先5社の中で、最も規模が小さく、提案金額が低かった会社である。しかし、他の候補先4社の大手企業が、常務や担当取締役が面談に応じたのに対し、P社はトップ自ら面談に臨み、その場でM社長の質問や買収後の抱負について語った。面談は大いに盛り上がり、お互い経営の苦労や失敗談にも及ぶ、熱のこもったものだった。この面談を通じてP社の社長はM社長から大きな信頼を勝ち得たのである。

「もっと好条件を提示した会社がある」

H氏はアドバイスしたが、「P社の社長にこの会社を託したい」というM社長の決意は固く、結局交渉はP社に絞られた。その後のDDや諸条件の調整は驚くほど順調に終わり、

——M社はP社に譲渡された。

〈対応〉トップ面談の重要性を知る

一般的なM&Aでは経済合理性に応じて譲渡先が決定されます。「高い譲渡金額を提示した」、「安定した経営基盤を持っている」といった点が考慮されて譲渡先が決められるのです。しかし経営者が株主を兼ねることの多いスモールM&Aでは、経済合理性ではなく、経営者の感情や思いに大きく影響されることが多々あります。

スモール企業の経営者（兼株主）にとって会社は我が子のような存在です。娘を嫁ぎ先に送り出す父親のように、相手の年収や家族構成だけでなく、それ以上にどれだけ強く娘を想ってくれるかを重要視するのと同じなのでしょう。

実際スモールM&Aの現場にいると、買手の条件に関わらず「相手の社長が信用できない」といったトップ面談の印象で案件がブレークすることはよくあります。反面、トップ面談での印象が良いと、その後の交渉が驚くほどスムーズに進むこともよくあるのです。そういった意味で、このトップ面談はスモールM&Aにおいて重要な意味を持ちます。

勿論トップ面談で、相手企業を評価するのは売手だけではありません。買手の経営者もトップ面談で売手がどういった会社であるかを注意深く観察しています。よくも悪くも経営者の人格が会社そのものに影響するスモール企業で「信用できない経営者」との判断を下されれば、買手は早急に譲渡を取りやめるでしょう。

だからこそ、ＦＡにはトップ面談がスムーズに行えるようバックアップする必要があります。

買手側には、売手経営者の心情を理解し、決して「買ってやる」「助けてやる」といった尊大な態度ではなく、丁寧に面談に臨むことをアドバイスする必要があるでしょう。

又売手経営者に対しては、決して良い事だけを並べるのではなく、リスクや心配な点も含めて誠実に正直に買手に伝える真摯な姿勢が必要であると徹底すべきでしょう。

こういった姿勢でトップ面談に望めるか否かが、結局譲渡の成功（或いは不成功）に大きく影響することを肝に銘じておく必要があります。

以上、Ｍ＆Ａの標準的なステップとスモールＭ＆Ａを進める上での注意点について解説しました。

士業の皆さんは、是非大企業と違う、スモールならではのポイントに注意しながら業務を進めて頂きたいと思います。

# 第３章

# スモールM&Aにおける売手とは

# 「あなたの周りには、宝の山があふれている」

スモールM&A市場は通常のM&Aとは違うロジックで譲渡が進められています。

この違いを知れば、あなたの周りにも良質な譲渡案件が数多くある事に気づくでしょう。

# 譲渡案件の発掘こそがM&A市場参入の鍵？

士業がM＆Aのマーケットに参入するうえでの一番の近道は、譲渡案件（売手）を探すことにあります。現在多くの企業が買収を検討しているのに対し、自分の会社を譲渡しようという方はなかなか顕在化しないからです。又、譲渡の意思が顕在化したからと言って、すべての案件が譲渡できるわけではありません。買手が買収したいと思えるような譲渡案件は買手に比べてとても少ないのが現状です。

だからこそ、士業の皆さんが自分で譲渡案件を発掘することができれば、それだけで主導的なポジションと報酬を得るチャンスが高くなるのです。

ここでは、経営者が会社を譲渡しようと考えるパターンを、その動機から３つに分類しています。是非あなたの周りに該当する方がいないか検討してみてください。

# 会社売却の3つの理由

経営者がM&Aによる譲渡を選択するのは多くの場合、以下に述べる3つの理由に集約されます。

## (1) 内部的要因

会社内部の要因によって譲渡を選択するケースが最も多いといえます。内部といっても要因は様々ですが、おおむね以下のようなものが挙げられます。

**①後継者不在**

後継者不在を理由として譲渡を選択するパターンです。親族内、社内に後継者がいない場合の第三者への承継として検討されます。また最近では、後継者の特性や他の経営資源とのシナジーを考え、後継者の有無にかかわらず積極的に外部への承継を選択する経営者も増えてきました。

**事例**

・地方で布団製造会社X社を営むK社長は、事業承継を検討する段階で、一人息子への承継を考えていた。しかし既に息子は東京で生計を立てている上、先行き不透明な業界の動向や、自社の有利子負債の大きさを考え、親族内承継を断念。同業者へのM&Aを実行した。

・看板会社を営むB社長は、順調に会社を成長させ上場を目指していた。しかし一人息子の管理能力と本人の意思を考慮し、異業種ながら若さとバイタリティーを持つD社長に経営を託すことに決めた。

### ②経営不振

資金繰りの悪化や融資の返済滞納などからやむなく譲渡を選択するケースです。財務的基盤がぜい弱な上、早期のM&Aが求められるため、譲渡は容易ではありません。しかし決算書に表れない、見えない資産（のれん）の魅力や価値を買手にアピールできれば成約するケースもあります。

**事例**

・地方でミニコミ誌を発行するT社は、紙媒体からWEBへの転換が遅れたため、経営危機に陥った。しかし、社員の企画・編集能力の高さと、顧客とする行政機関とのパイプに注目した調査会社が、一定の業務提携期間を経て子会社化した。

・都内で印刷業を営むW社は、デジタル化の波に乗り遅れ、経営不振に陥った。しかしシルバー層の顧客開拓を目指す広告代理店が、印刷設備と若く優秀な社員を保有するW社の買収を行った。

### ③事業の選択と集中

グループで複数のビジネスモデルを所有しながら、収益性や将来性に問題がある事業や一部の店舗を切り離して譲渡するケースです。ノンコア事業の切り離しや不採算事業の撤退などを理由とするものです。

**事例**

・関東を中心に喫茶店を展開するＲ社は、人材不足と管理コストの削減を目的に、関西と中部にある店舗７店舗を地元の同業者に譲渡し関東での出店に注力することにした。
・ＩＴ事業で急成長するＧ社は将来性の高い本業に経営資源を集中させるべく、５年前に新規事業としてスタートしたカルチャー教室事業を他社に譲渡した。

## （2）外部的要因

内部的要因の次に多いのが、事業を取り巻く外部の環境変化や業界の変遷に適応するためにM＆Aを選択するというものです。

### ①法改正

法律の改正や新たな規制に対応すべくM＆Aを選択するケースです。自社だけでは法律や規制の改正に適応できないと考え、積極的にM＆Aを活用して、この変化を乗り越えることを目的としています。

**事例**

- 調剤薬局を営むL社は、薬事法の改正とともに異業種からの参入が相次ぐ業界の状況を見据えた結果、大手薬局チェーンの傘下に収まって生き残りを図った。
- 夫婦で保険代理店を営むY社長は、コンプライアンスの徹底を目的とした大手保険会社による代理店の整理・縮小政策に危機感を抱き、単店での生き残りが難しいと判断。大手保険代理店の傘下に入り事業を継続させる道を選択した。

## ②人材確保

人材不足は日本の企業にとって大きな問題となっています。特に飲食業はじめサービス業全般、製造業や建設業など、構造的に人材が集まりづらい業種では、単独の企業や単店舗では対処が難しくなりつつあります。そこで事業規模の利益（スケール・メリット）を重視し、数店舗で人材の共有化・ローテーションを実施することで人材難に対処しようと、M&Aを活用する例も増えています。

**事例**

・都内でネイルサロンを経営するA店は、ネイリストの人材採用・確保に苦慮していた。そのため、同じく人材難で悩むネイルサロンと合同で会社を設立。地域でのドミナント戦略により、人材の流動性を高め、人材難を乗り切った。

・関東で食肉卸を営むT社長は、専務として働く息子への承継を考えていた。しかし人材難に苦しむ現状を業界ぐるみで積極的に打破するため、飲食・コンサルなど幅広く展開する飲食グループへ譲渡した。

このように、企業を取り巻く内部的要因や外部的要因でやむなく、またはその環境変化に積極的に対応すべくM&Aを選択する経営者は増えつつあります。

そしてさらに、このいずれにも当てはまらない要因でM&Aを選択する事例もあるのです。

## (3) 経営者マインドの変化

会社を売却する理由として、「内部的要因」と「外部的要因」をあげました。しかし昨今急増しているのは、経営者自身のマインドの変化です。

例えば、次のような例です。

### 事例 「経営に飽きた」二代目社長

ある金融機関から「取引先の経営者が会社を譲渡したいと言っているので手伝ってほしい」と依頼があった。その経営者とは大手家電メーカーの部品を製造するM製作所の二代目経営者、M社長（59歳）である。M製作所は高い技術力を保有し、資産も十分な上に毎年利益も着実に出ている優良会社であった。

通常なら優良な案件であるが、実際M社長にお話を聞くと一つだけ引っ掛かるところがあった。それは、会社の譲渡理由が判然としないことである。

「後継者がいないから」との理由ではあるが、同時に「必ず来年3月までに」と早期の譲渡を言明されたのだ。後継者不在の親族外承継はわかるが、経営も順調であり、59歳の健康な社長が4か月という短い期間での会社譲渡を考える理由には合点がいかなかったのだ。

譲渡を急ぐ裏には、大きな簿外債務や隠された問題（瑕疵）がある可能性も否定できない。FAにとって、売手企業の経営者と信頼関係が築けないままM&Aのお手伝いをすることは難しい。

社長に、譲渡を急ぐ本当の理由を何度聞いても判然としなかった。しかし粘り強く理由を尋ねると根負けしたのか、ある食事の席上でM社長は譲渡する本当の理由をこう語ってくれた。

「実は経営に飽きたんだ」

最初は冗談かと思えたその言葉が本音であるとわかったのは、M社長がこれまでの半生を語ってくれたからだ。

もともと会社の経営に興味がなかったM社長は大学卒業後、大手広告代理店に勤める傍ら、サーフィンを趣味に人生を満喫していた。しかしそんな生活も先代の社長である父の交通事故死という悲劇で一変。そこでM社長は仕方なく会社を継ぐことになったのだ。

それ以後30年、生活の全てを投げ捨てて会社に人生を捧げ、その甲斐あって見事この会社を優良企業として安定させることに成功した。

そしてサラリーマンが定年を迎える60歳を目前に、「経営者を定年し、第二の人生を送りたい」との思いからM&Aを選択したとのことだった。

「二代目社長として会社を継いだことに後悔はない。しかし、父の亡くなった年齢に達しようかというとき、残りの人生を本意ではなかった経営者として費やすことに疑問を感じた」というのが本当の理由だったのだ。

会社を譲渡する理由「経営に飽きた」とは、第二の人生を自分の思うように過ごしたいという正直な気持ちからなのだろう。しかしそんな本音を金融機関や従業員に理解してもらうのは難しいとの想いから言葉を濁していたのだ。

M社長の本当の譲渡理由が明確になり早速M＆Aがスタートした。優良な案件だったこともありM製作所は程なく近隣の同業者に無事譲渡された。

M社長は無事ハッピーリタイアメントに成功し充実した第二の人生を過ごしている。

# 多様化する経営者の価値観

実はM社長のように、それまでの経営者としての人生に自ら区切りをつけるべくM&Aを検討する経営者は今、少なくありません。

- **ボランティア活動に人生を捧げたい。**
- **夢だった海外への移住を始めたい。**
- **苦労を掛けた家族のために時間を使いたい。**

価値観が多様化するなか、M&Aをポジティブに捉え人生を積極的に変えようとする経営者が増えたことは決して不思議なことではないのです。

M&Aを後ろ向きやネガティブに捉える時代が過ぎ、事業承継の最終的手段としてのみM

＆Ａを選択するという時代も終わりつつあります。

**・事業の発展と自分自身の人生をより充実させるためにＭ＆Ａを行う。**

このように価値観の多様化と目まぐるしく変わる環境変化に対応すべく、事業のさらなる発展につなげるポジティブな手段としてＭ＆Ａを積極的に利用しようとする方々が増えているのです。

# 売れる会社、売れない会社を見極める

このように経営者は様々な理由から事業の譲渡を考えます。しかし、経営者が譲渡を希望したからといってすべての事業が譲渡できるわけではありません。身も蓋もない言い方をすれば、世の中に売れる商品、売れない商品があるように、会社にも売れる会社、売れない会社があるのです。

士業の皆さんが、スモールM＆Aに携わるにあたって、最も重要なことは、

「売れる会社」

「売れない会社」

を見極めることです。

大企業と違い、スモール企業は決して経営内容の良い会社ばかりとは限りません。赤字の会社もあれば、債務超過に陥っている会社もあります。それどころか、決算書をはじめ、会社の内部においてどのような経営がなされているか明確ではない会社さえ数多くあります。「すべての会社を救いたい」と思うのは士業の考え方として当然かもしれませんが、可能性のない会社に「譲渡できるかもしれない」と期待を持たせるのは、決して経営者のためにはなりませんし、又専門家としてスモールM&Aをビジネスとしてとらえる以上、そのような考えを持つべきではないでしょう。

では、売れる会社と売れない会社はどのように見極めるのでしょうか？

# スモールM&Aの特殊性

実は、この見極め方もスモールM&Aの世界では、通常のM&Aと大きく違うのです。一般的に大企業のM&Aにおいて最も重要視されるのは財務内容です。

**・いくら利益が出ているか？**
**・どのような資産を所有しているか？**

といった財務内容が重要視されるのです。

特に買手が上場企業の場合は、株主の圧力もあり常に利益の拡大を求められます。そういった場合、最も手っ取り早く売上や利益を拡大するには、既に一定の売上や利益をあげている会社を買収すればよいのです。

しかし我々がターゲットとするスモールＭ＆Ａの世界では重要視されるポイントも異なります。

現在、日本の企業の約７割近くが赤字企業であり、その大部分を中小企業が占めています。財務的なメリットから考えれば、中小企業の大部分は譲渡企業としての価値が無いといえるでしょう。しかしながら、スモールＭ＆Ａ市場において、多くの中小企業が譲渡されています。

例えば次のような事例があります。

## 事例　大きな資産が眠る会社

Ｋデザインは主に野鳥等の動物に関連する冊子やチラシ等の紙媒体を専門に扱うデザイン会社である。従業員５人の零細企業だが、丁寧な仕事ぶりで、全国の自治体や企業から仕事を受けていた。しかしデジタル全盛の時代に紙媒体は分が悪く、売り上げは低迷、赤字続きの上、既に数百万円の債務超過に陥っている。

金融機関の依頼で、ＦＡであるＨ氏がＫ社長にお会いした時の最初の印象は「この会社の譲渡はむずかしい」というものだった。とはいえ地元の金融機関の紹介でもあり、無下に断ることもできない。そこでまずはいくつかの角度から、この会社を分析してみることにした。

財務内容の分析は悲惨だった。営業赤字に債務超過。資産らしい資産はなく、時価に直せば決算書よりも価値の下がるものばかり。売上は、年々下がり気味であり、従業員の給与も遅れがち……。

しかしそんなH氏の悲観的な考えを一変させたのがKデザインの持つ編集ノウハウだった。Kデザインは顧客からの要望に応える編集ノウハウに、他社にはない特殊な強みを持っていたのだ。

Kデザインの編集ノウハウとはこうだ。例えば重要なお客様に、公園を所管する自治体がある。公園では、園内にいる野鳥の案内書を作成したいと考え、生息する野鳥の写真と名前、簡単な特徴等の資料を添えてKデザインに発注をする。通常のデザイン会社ならその資料を基に、見栄え良くデザインしたものを納品するが、Kデザインは送られたものを単純にデザインするのではなく、必ず資料を精査し、間違いを正し、時にはより分かりやすく追記をした上で、作成し直す。

発注する自治体の担当者も決して専門家とは限らないため、鳥の科目や名前を間違えたり、誤っているケースも数多くある。そのような誤りを確実に見つけ、名前や生態もわかりやすく記述し直す高度な知識やデータを保有していたのだ。Kデザインは、動物図鑑や専門書の編集にも携わるほど、動物に関する情報やデータが蓄積されており、だからこそ可能なサービスであった。

実際調べてみると、単なるデザイン会社は数多くあるが、Kデザインのように内容まで踏み込んでアドバイスしながら編集できる会社は全国でもほんの数社しかない。

しかしKデザインは、自社がそれほどすごいサービスを提供していることに気づかず、又それを経営に効果的に生かす術を知らなかったのだ。

分析をまとめ買手先を探すマッチング作業に移ると、程なくある上場企業が興味を示した。若いこの経営者は、数年前ニッチともいえる特殊な市場で圧倒的なシェアを持ち上場を果たした。しかし、特殊な市場故、その後の拡大には限りがあり、新たなサービスで新市場を開拓することは喫緊の課題でもあったのだ。

その後の譲渡手続きは容易に進んだ。

上場企業の経営者自ら、譲渡先のオフィスに何度も出向き、低姿勢にそして熱く将来の構想を語る姿にKデザインの社長も好感をもち、又、Kデザインのスタッフの直向きで丁寧な仕事ぶりを見て、上場企業の経営者も益々このM&Aに意を強くした。

交渉は順調に進み、

**・一定期間、まずは両社で業務提携契約を結び、K社の財務体質を改善する。**

**・財務体質改善後、K社を正式に子会社化する。**

というスキームで合意がなされた。

その1年後、K社は計画通り、上場企業のグループ会社として再スタートを切ることになった。

# スモールM&Aにおける譲渡案件の見極め方

Ｋデザインは決算書が重視される通常のＭ＆Ａの世界では決して良質の案件とは言えません。しかし、今回、このように迅速に譲渡が決まったのはなぜでしょうか？　それはスモールＭ＆Ａの世界では、決算書ではなく、別のものが重要視されるからです。

我々はそれを〝見えない資産（営業権）〟と呼んでいます。

そしてスモールＭ＆Ａの事業売却において最も重要なのが、この見えない資産（営業権）という考え方なのです。

## 見えない資産（営業権）とは何か？

見えない資産とは、わかりやすく言えば、決算書に表れない価値を言います。

例えば、現金や売掛金、不動産や機械は決算書上で資産として計上されます。そこには其々の価値を表す金額も明記されており誰でも簡単にその価値を計ることができます。

しかし事業の価値は必ずしも決算書に表れるとは限りません。Ｋデザインの持つ、編集ノウハウのように、素晴らしい価値を持ち、使いようによっては大きな収益を生むにも関わらず、決算書には何一つ表れないものもあるのです。

例えば最近、見えない資産として大きく注目されているものに、人材があります。人口減少が進む中、多くの企業が人材の確保に苦慮しています。人が集まらないがために、拡大できないどころか、人材不足で廃業や閉店を余儀なくされるケースも増えています。

**・電気技師や整備士の資格をもった社員がいる。**
**・美容師やネイラーを多数抱えている。**
**・施工技術を持つ大工さんが属している。**

といったように社員やスタッフを保有していることが、譲渡企業としては大きなセールスポイントとなり得るのです。

人材不足が顕著な業界としてＩＴ業界の例を考えてみましょう。この業界では、今、中途社員の採用コストが高騰しています。仮に1人当たりの採用コストを40万円とすれば10人のプログラマーを保有する会社の価値を400万円とみることもできます。しかし、決算書には勿論そのような価値は、明記されはしません。しかし買手にとっては、それが大きな価値を持つことはよくあるのです。

例えば不動産業への進出を考える会社があるとします。わが国では宅地建物取引を業として行うためには、国土交通大臣か都道府県知事の免許が必要とされており、その際に発行される免許番号には、更新の回数が記されています。つまり番号を見ると、その会社の業歴が推察できる仕組みになっているのです。新規で免許を取得するより、業歴の古い不動産会社を免許ごと買収する方が顧客の信用が得やすいかもしれない。そう考える会社にとっては、業歴の古い不動産の免許番号に大きな価値を見出すでしょう。

そのほかにも、

- **歴史やブランド**
- **優良顧客や販売網**
- **各種の免許や許認可**

等、大きな価値を持ちながら、決算書に表れない資産はスモール企業にも数多くあるのです。

## 見えない資産を見出すのは士業の役目

日々の仕事に埋没する中小零細企業の経営者の多くは、自社を客観的、俯瞰的に見ることはできません。そのような経営者に代わって〝見えない資産〟を見出すことができるのは、経営の専門家である士業の役割でもあります。

例えば中小企業診断士の多くは、得意とする専門業種を持っています。酒類の卸会社を得意とする診断士ならば、卸免許やビールや有名酒蔵の特約店契約がどのような価値を持つか即座に理解できるでしょう。

許認可を専門とする行政書士ならば、行政から既得権として継続的に認められる行政地使用権の価値を判断することができるかもしれません。

このように日ごろ、中小零細企業を客観的に見ることができる士業こそが、経営者に代わって会社の価値を見出すことができるでしょう。

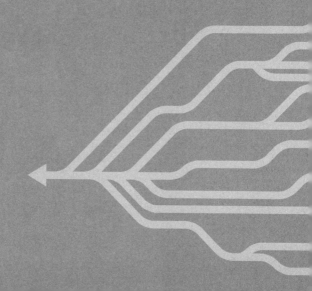

# 第4章

# スモールM&Aにおける買手とは

# 「クライアントの課題を事業買収で解決する」

事業承継、人材不足、売上低迷。中小企業には様々な問題があります。
しかし、このような問題の多くは、M＆Aで解決することも可能なのです。

# 誰が会社を買うのか？

現在、多くの会社が買手としてM＆Aを考えています。

買手の規模は上場企業の場合もあれば、数人で経営している零細企業の場合もあります。

筆者は仕事柄毎日多くの経営者とお会いしますが、ほとんどの経営者が「（株）M＆Aの窓口」という名刺を見るなり「良い会社（譲渡企業）があれば譲り受けたい」と言ってこられるのです。又、金融機関がM＆Aのため、顧客ニーズを調査し見込客をリストアップすると、売手ニーズに比べて買手のニーズが多く寄せられ、対処に苦慮するといったお話もよくお聞きします。

誤解を恐れずに言うなら「今、業績の良い会社で会社の買収を考えない会社はない」とさえ思えます。

今後M＆Aに携わる士業の皆さんは、売手を探すことに比べれば、買手を探す負担ははるかに少ないことに気が付くでしょう。

しかし、M&Aが売手と買手で構成される以上、常に一定量の買手情報を保有しておくことは無駄ではありません。

多くの企業が何故今、スモール企業を買収しようとしているのか?

ここでは、買手の買収動機に焦点を当てて、そのパターンを分類してみます。

# 会社を買収する4つの動機

一般的に会社を買う理由として以下の4つの動機が挙げられます。

## (1) 規模の拡大

事業を継続するために、会社は常に成長と拡大を要求されます。しかし多くの市場で縮小傾向が見られる今、事業の拡大は以前ほど容易ではありません。

そのような中、M&Aは事業の拡大を達成するための手段として多くの中小企業で実施されているのです。

### ①M&Aで顧客を獲得する

市場が拡大する時代には、新規の顧客を獲得することはそれほど難しいことではありませんでした。営業マンを増やす。広告宣伝費をかける。紹介ルートを整備する。このような方法で、いち早く新たに生まれた市場にアプローチし、顧客として取り込んでいけばよかったのです。

一方、低成長時代には、新たな市場自体が生まれづらくなっています。そのような中、顧客を増やすためには、競合他社から顧客を奪い取る必要があります。

しかし、他社の顧客を奪うのは決して簡単なことではありません。商品やサービスによっては、スイッチングコストが高いために、容易に供給先を変更できないケースもあるのです。

例えば和菓子屋へ餡を納入する会社があるとします。餡は和菓子の味を決める大事な要素なので、納入業者はお店の要望をお聞きし、試行錯誤を経てその和菓子屋オリジナルの餡を作り上げるのです。こうして完成した餡が継続して和菓子屋に納入されるのですが、この取引に他社が参入するのは簡単ではありません。他の納入業者が同じ餡を作るためには、何度もの試行錯誤を必要としますし、必ずしも同じものができる保証がないからです。「価格が多少安いから」「営業マンの対応が良いから」「名の知れた大企業だから」という理由だけでは、和菓子屋は餡の納入業者を簡単には変えません。

新規の和菓子屋がオープンする時代なら、営業マンが汗をかき、新規オープンのお店にいち早くアプローチして顧客にすることはできたでしょう。ところが和菓子屋の新規オープンがほとんど見込めない今、新規開店の顧客を獲得することも、他社の顧客を奪うことも簡単にできないのです。

しかし、一つだけ有効な手段があります。

それは、和菓子屋に餡を納入している会社を買収してしまうことです。

納入業者には、顧客、設備、スタッフがおり、そして顧客と作り上げたレシピが存在します。これを事業ごと買収することによって、一気に顧客のみならず、事業規模を拡大することが可能なのです。

最近では市場の縮小やスイッチングコストの高さから他社の市場を奪うのが難しい業種において、このように買収によって会社の売り上げや顧客、販売チャネルを引き継ぎ、早期の売り上げアップを図ろうとするケースが増えています。

**事例**

・関東でビルメンテナンス業を展開するK社は、関西での早期の売り上げ拡大を図るため、関西の中小ビルメンテナンス会社3社を同時に買収し、進出に成功した。

・税理士法人を営むZ社は、後継者不在に悩む会計事務所を相次いで買収。顧客獲得が難しい業界にも変わらず、短期間での事業拡大に成功した。

## ②M&Aで人材を獲得する

多くの企業にとって規模の拡大に合わせて人材の採用、拡大が不可欠です。しかし人口の減少と共に、働き手の確保は中小企業にとって大きな課題となっています。採用のコストが年々上がっており、又過重な労働が敬遠され採用そのものが難しい業種もあります。

そのような業種では、募集広告や人材採用会社からの紹介といった従来の方法で採用を進めるよりも、社員やスタッフを抱えている事業を、そのまま買収して人材難を解決しようとする会社も増えてきました。

**事例**

・電気設備業を営むH社は、人員不足のため売上が伸び悩んでいた。解決のために、一級電気技師５人を有するV社を債務超過にもかかわらず買収。一気に技術者のスタッフの確保を行った。

・IT事業を展開するM社は、プログラマーの不足、採用コストの高騰に苦慮していた。その解決のため、低コストでのスタッフの採用を得意とし多くの登録スタッフを抱えながらも資金難に悩むIT派遣会社を買収した。スタッフ不足を解消するのみならず、低コストでの採用ノウハウを手に入れた。

### ③営業エリアの拡大

経営を行う上で、現在の営業エリアだけでは大きな発展が見込めない場合があります。しかし、新たなエリアに販路を広げるためには、出先機関の開設に伴うコスト、異なった市場環境での商習慣の違い、０からの顧客開拓、知名度不足等いくつものリスクが伴います。

そのようなリスクをヘッジするために、既に当該エリアで実績を持つ事業を買収し、新たな市場への進出を進めるケースもあります。

事例

・都内で喫茶店を展開するY社は、テナント料、人件費の高騰、競争の激化等から、都内だけでの拡大に限界を感じ、かねてより関西地区への出店を考えていた。しかし、ドミナント出店が必要な業態であることから大きなリスクが予想され、なかなか進出に踏み切れなかった。丁度その時期に関西で20店舗を展開する喫茶チェーンから譲渡の打診があったため、この事業を引継ぎ、関西地区において短期間での展開を成功させた。

・地方都市でビル管理を営む老舗企業M社は、業歴の長さと地元に根付いたCM効果で長らく安定した業績を確保してきたが、今後予測される地方経済の停滞から、関東地区への展開が不可欠であった。そのため、関東地区でのビル管理会社を買収し、進出の第一歩をスムーズに進めることができた。

## (2) 隣地市場の開拓

不透明な時代において、従来の商品サービスだけでは競争に勝ち抜くのは難しくなりつつあります。

（1）で述べたように多くの中小企業が、あらゆる手段を講じて規模の拡大によって生き残りを模索していますが、必ずしもそれが成功するわけではありません。

そこで、規模の拡大ではなく、質の向上によって成長を模索する企業もあります。

従来の利益構造を見直し、規模や売上ではなく、質や利益を拡大するためにM&Aにおける買収を検討する企業も増えています。

又、サービスを内製化することによって、納期時間の短縮、対応の柔軟化等、顧客満足度の向上にもつながるといったメリットも得ることができるのです。

### ①外注の内製化

建設業やIT事業等、多くの下請け、外注企業によって構成されている業界があります。

かつては右肩上がりに成長していたこのような業界にも市場成長鈍化の波が押し寄せています。そのような中、売上の拡大ではなく、外注業者や下請業者に発注していた商品、サービスを内製化することによって、利益の拡大を狙う企業も増えてきました。

**事例**

・マンションメーカーのR社は、マンション需要の縮小による売上の低迷に悩んでいた。これに対応すべく利益率の向上を果たすため、解体業者、塗装会社、メンテナンス会社を相次いで買収。外注比率の縮小と利益率の向上を急速に進めた。

・管工事業を営むL社は、売上の大半を占める公共工事の縮小に危機感を強めていた。そのため、近隣で後継者不在に悩む電気設備会社を買収し、新たな公共工事需要に対応すべくサービスの拡大を進めた。

### ②新規技術、サービスの獲得

現在の顧客に、新たな商品、サービスを提供することによってシナジー効果を得ようとする方法です。

従来であれば、独自で企画、開発を行っていたのでしょうが、市場の変化が激しい今、自前での開発には時間がかかる上、開発費用、効果等の側面からスモール企業にとっては多くのリスクが予想されます。リスクを軽減し、迅速に対応すべく、既に商品、技術、サービスを保有している事業を、そのまま買収するのです。

**事例**

・モデルハウス6店舗を持つ注文住宅メーカーC社は新築需要の低迷を受け、利益確保の改善策を検討。地元に根強いネットワークを持つ不動産会社を買収することによって、収益拡大を図るのみならず、新築用地の確保も迅速に行える体制を整えた。

・ホテル、旅館等の収益拡大を専門とするコンサルティング会社L社は、クライアントに提案するパンフレットや販促チラシ、HPのアドバイスに特化し、改編集作業は外部に委託していた。しかし利益拡大とサービス向上を目的として小規模のHP業者と印刷会社を買収。自社内で編集、印刷等をワンストップ化することにより利益率の拡大と顧客満足度のアップを可能にした。

## (3) 新規事業への進出

大企業と違い多くのスモール企業は単一の市場に属して事業を行っています。そうすることによって、効率化を図ることができますが、逆に市場の変化やアクシデントを直に受け、致命的な打撃を受けることも少なくありません。

かつて、狂牛病やO157の騒ぎによって、特定の飲食店は顧客の敬遠による経営不振や廃業を余儀なくされましたし、今でも規制緩和や外国への市場開放、風評被害等、一企業では対処のできない事由で、経営が脅かされるケースは多々あります。

大企業と違い、内部留保の薄いスモール企業がこのようなアクシデントから身を守るべく、新たな経営の柱を作るための新規事業としてM&Aを活用するケースです。

### ①企業の新規事業進出

新規事業への進出は決して簡単ではありません。

日本政策金融公庫の調査によれば、「新規事業に成功した」と回答した企業は30%以下となっていますし、周囲を見回しても、新規事業に失敗した事例は多く耳にされることでしょう。

顧客、商品、仕入れルート、組織等を一から構築して、新たな市場で競合と戦う以上、簡単に成功できないのも仕方ないかもしれません。しかし、スモール企業にとって新規事業の失敗は、企業そのものの存続を脅かすことにもなりかねません。

そんな中、少しでもリスクをヘッジすべく、狙った市場で既に実績のある事業を買収する動きが増えています。

実績があるため、スムーズに参入することもできますし、課題もある程度明確になっているため改善の施策も打ちやすいのです。そして何より、一から構築することに比べて参入の期間を大幅に短縮することができます。

**事例**

・建設業を営むJ社は資金繰り改善のため、飲食店の出店を検討。地元で根強い人気があるにもかかわらず後継者難で閉店を予定していたラーメン店R社3店舗を買収した。

・自社ビルを数多く所有するD社は、シェアオフィスを運営するK社を買収。そのノウハウを利用して、自社ビルを利用したシェアオフィス事業に進出した。

## ②個人の起業

平均寿命の延伸と価値観の変化に伴い、若年層はもとより、定年退職者等、高齢者の起業も増えてきました。個人の起業は新規事業の中でも成功が難しいと言われており、又失敗したときのダメージも計り知れません。

そのような中、最近では、起業を目指す個人が、スモール企業を買収したり、後継者のいない企業を引継ぐケースも増えています。法人の新規事業と同じく、何もない状態から会社を興したり、顧客を開拓するのではなく、既に展開しているスモールビジネスを買収し市場への参入を目指すのです。

個人による事業買収は、経済の活性化と事業承継問題の解決につながると広く期待されています。国や行政機関も、小規模事業者と起業を考える個人を積極的に結び付けるべく、「後継者人材バンク」という公的支援機関を各都道府県に設置する等、この分野に力を入れつつあります。

**事例**

・ＩＴ企業を定年退職したＭさんは、近隣の店舗を買収して、長年の夢だったケーキ店をオープン。又得意のＩＴ知識を活かして、オリジナルスイーツのインターネットでの販売もスタートさせ、順調に売り上げを伸ばしている。

・税理士資格の取得を機に、故郷に戻ったＫさんは後継者不在で廃業を考えていた老舗税理士事務所を親族外承継。引き続き近隣の事務所を承継し短期間で、地元でも多くの顧客を持つ税理士法人に成長させた。

### （4）その他

これまでに事業の買収を考える3つの動機を見てきました。しかし、M&Aにも様々なパターンがあり、その動機も多岐にわたります。

ここでは、これまで見てきた3つの動機に分類できないものとして、いくつかのパターンを紹介していきます。

### ①許認可等の確保

事業によっては、許認可や免許を必要とするものもあります。中には、簡単に取得できない許認可や権利もあり、事業の拡大に合わせてこれらを取得することを目的として、会社を買収するケースもよくあります。

**事例**

・関西で酒類卸業を展開するF社は、市場の流通再編に対応すべく全国展開を計画。卸免許とメーカーの特約店契約を引き継ぐことを目的として、北陸で業績不振に苦しむ酒類卸会社B社を買収した。

・ゴルフ練習場を営むK社は、市場が縮小する中、事業の拡大によるスケールメリットを追求して生き残りを模索していた。その一環として河川敷でショートコースを展開するT社を債務超過にも関わらず買収。新規では取得不可能といわれる河川敷の使用許可を企業買収によって引き継ぐことに成功した。

### ②後継者教育

事業承継において、後継者の教育は決して簡単な問題ではありません。経営は日々予測不能なことが起こり、その都度重要な決断を要求されるからです。セオリー通りに進まない現実の中で、座学で学んだ知識だけではなく、実践に即した教育が必要とされています。最近では後継者を実践に即して教育すべく、M&Aを活用しているケースも見られるようになりました。

**事例**

・R社は、買収したB社の経営再建を後継者として予定している長男に指示。自身もバックアップする中、3年で業績回復した後、長男を本社の経営者に指名した。経営再建の実績を知る幹部陣は好意的に長男の社長就任を受け入れスムーズな承継を実現することができた。

・W社は、買収した会社の社長として、後継者に予定する息子を送り込んだ。又、その際、社内から必要な人材を帯同することを許し、将来を担う幹部の選抜、教育と新体制の確立も同時に進めさせた。

### ③人員の受け皿確保

人材不足が進む半面、不況業種に属しているため事業の縮小を余儀なくされ、余剰人員に頭を悩ます企業もあります。

そんな中、長年事業に寄与してきた社員の雇用を維持すべく、他社の買収を検討するケースもあります。

**事例**

・パチンコチェーンを展開するD社は、店舗の撤退と縮小によるスタッフの受け皿づくりとして、ネットカフェ、カラオケボックス等のサービス業の買収を積極的に推進している。

・K社では、人件費の縮小を目的とした早期退職制度を導入。同時に、関連事業を買収して独立を目指す退職希望者への支援制度をスタートさせた。

# M&A市場における買手とは

このように、買手の動機やニーズは実に多岐にわたります。しかし、多くの買手が「事業を買収したい」と考えているにも関わらず、簡単に事業を買収できないのはなぜでしょう？

それはスモールM&Aの独特の市場環境にあるのです。

## (1) スモールM&Aにおける市場概要

「お客様は神様だ」という言葉があります。買手は売手にとって神様のように重要な存在であるということを指した言葉なのでしょう。商品やサービスが市場にあふれた経済の下では、常に供給過多の状態にあり、「売手は買手に選んでいただく」存在として弱い立場にあります。

だからこそ買手（お客様）は売手にとって神様ともいえます。

しかし、M&Aの業界にあっては、この言葉はあてはまりません。

今、「売り上げを伸ばしたい」「人材を確保したい」「新規事業に進出したい」というニーズは多くの企業が抱えています。又、シニア層を中心に独立開業への意欲も高まっています。このようなニーズに加え、M&Aという手法が広く認知されはじめたこと。又不動産融資への厳しい視線から行き場を失った資金がMA市場に流れ始めたことなどから、事業買収の意欲は高まり買手候補は増加の一途をたどっています。

M&Aの業界では、買手は山ほどいるのです。

一方、売手はどうでしょう。

確かに後継者難による親族外承継の必要性から事業の譲渡を考える経営者は増えてきました。しかし、先に述べたように、いまだ完全に払しょくできない「事業を譲渡することに対するネガティブなイメージ」に加え、スモール企業のM&A市場の整備の遅れから、売手がなかなか顕在化されないのが現状です。

又、顕在化した売手が、全て譲渡可能な案件となるとは限りません。日本の全法人の内、約7割が赤字企業と言われる中、スモール企業の多くは赤字企業です。それ以外にも、多額の銀行借入、経営者貸付等で債務超過に陥った企業も決して少なくないでしょう。その上、人材やノウハウ、独自の商品、サービス等の魅力をもたない企業は、どれほど望んでもM&

Aのスタートラインに立つことさえできないのです。
有り余るほどの買手とごくわずかの優良な売手。
これが今のスモールM&Aの市場の構図なのです。

## (2)「何か良い案件があれば…」

既に経営を俯瞰している士業の方々にこの構図を理解頂くことは難しくないでしょう。しかし、初めてM&Aを検討されるスモール企業の経営者には、この点を理解していない方が多いのが実情です。

自分が買いたいとさえ言えば、瞬く間に譲渡案件の情報が集まり、その中から自由に選好みできる

と勘違いしている買手は少なくありません。

M&Aの仲介会社として活動していると、買手の立場をとる経営者からよく投げかけられる言葉があります。それは、

「良い案件があれば情報もってきて」

というもの。

自分を神様と勘違いしている典型的な買手の言葉です。そして、このような買手に、良い案件情報が寄せられることはまずありません。何故ならこのような言葉を発する買手に案件情報を持って行っても、ディールがまとまらないことが明白だからです。

## （3）買手に必要な準備

買収そのものを目的としたM&Aは失敗します。何故ならM&Aは単なる手段であって目的ではないからです。

手段である以上、買手がM&Aを進める前に、最低限やるべきことがあります。

それは、

何のために事業を買収するのか？

といった目的を明らかにすることです。

例えば業績が伸び悩んでいる印刷会社が買手だとしましょう。顧客の減少が業績低迷の原因であれば、顧客を抱えている印刷会社を買収する方法があります。しかし、顧客だからといって何でもよいわけではありません。紙媒体を専門とする会社であれば、同じ紙媒体を扱い多くの顧客を抱えている企業を買収する必要があります。あるいは、紙媒体の大量印刷から脱却してオンデマンド印刷やデザイン性の高い市場へのシフトが必要であれば、その分野で顧客を持つ会社が必要となるでしょう。又、顧客が増えても処理できない可能性があれば、一定の設備や人員を抱える会社が必要になります。同じエリアだと顧客が重なる可能性もあり、あまり遠方だと、管理や効率の問題から難しいかもしれません。そう考えれば、買収先のエリアもある程度絞られます。

それ以外にも、

- **買収資金はいくらまで可能か？**
- **誰が経営に携わるのか？**

等、検討すべきことは数多くあります。

このような点を、しっかり考えれば、買収先のイメージがある程度浮かぶはずです。

その上でエリアや規模、事業特性を絞り込み、買収先を探せば、条件にあった優良な案件と出会える確率はぐっと高まるでしょう。何故なら、そのような買手であれば、迅速に検討が進むことが期待でき、譲渡案件を持つM&A仲介会社が優先的に持ち込むことも期待できるからです。

少なくとも案件が持ち込まれてから、「一体なんでM&Aやるんだっけ」と考えるような買手より成功の確率が高まることは間違いありません。

# 士業としての接し方

ここまで見てきたように士業の皆様が、買手に接したときに留意すべき点は以下２つです。

それは、

**・M＆A市場における買手のポジション（買手は神様ではない）の説明**
**・M＆Aの目的と買収先の明確化**

です。

買手は決して優越的な立場ではないという自覚は、譲渡案件の一つ一つがどれほどの価値を持つかの理解につながります。そのような理解の上での言動は交渉段階でも売手に好感を持たれるでしょう。

又、事前の準備は、案件を提供するM＆A仲介会社の効率化は勿論、交渉段階での早期のブレークを未然に防いでくれます。

これらは、売手、買手双方にとって大きなメリットとなります。

そして何よりも、間に立つ士業の皆様方の成功へもつながっていくのです。

# 第5章

# 事業価値の測り方

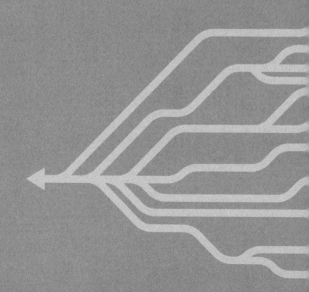

# 「M&Aの売却価格はどのように決まるのか？」

M&Aにおいて、会社の値段は重要なポイントです。
スモールM&Aにおいては、大企業のM&Aとは異なるところがあります。

# 「正しい」会社の価値とは？

税理士の方なら、「税法の非上場株式の評価」を思い浮かべるかもしれません。ファイナンスに詳しい方であれば「DCF（ディカウント・キャッシュ・フロー）法」を思い浮かべるかもしれません。

では、どの方法で評価するのが正しいのでしょうか？

結論から言うと、M&Aにおいては、「当事者が合意した」価格であればよいのです。通常の商取引について考えてみましょう。あなたはペットボトルのお茶をいくらで買いますか？　コンビニで150円で売っていれば、まあ妥当かな、と思い躊躇なく買うのではないでしょうか。しかし、スーパーの特売で10円で販売していてもなんら問題ありません。逆に、砂漠の真ん中でのどが渇いて生命に支障がある状況であれば、全財産を投げ出してでも買うでしょう。

では、再度、会社の売買について考えてみましょう。会社もある意味、ペットボトルのお茶と同じです。お互いが合意していれば、10円であろうと、10億円であろうと基本的には問題はありません。

問題が生じるのは、たとえば、売買金額を通して、脱税を意図している場合です。とくに、親族内の株式の移転に関しては、その評価額を低く抑えることで相続税を逃れる、というインセンティブが働きがちなので、税法によって、株式評価を一律に定めています。同様に、グループ企業内での株式の移転や組織再編なども、恣意性が働きがちなので、税務当局のマークがきつくなります。

しかし、第三者間の取引は、当事者が自身の経済的利益を最大化しようとして活動した結果であり、そこで決定された価格は最大限、尊重されます。

ただし、価格を完全に当事者間の自由に任せた場合、別の問題が生じます。当然ですが、買手は低い金額を提示し、売手は高い金額を提示するため、取引がまとまらない、という問題です。

ペットボトルのお茶であれば、だいたい、定価が150円くらい、という「目安」があります。不動産取引でも、路線価などが大まかな「目安」となります。これらの「目安」をもとに、個別事情を踏まえて価格が高いか、安いかを判断することになります。

これと同様に会社の価格においても、一定の「目安」が必要です。そこで用いられるのが、DCF法などの評価方法です。

しかし、あくまで、「目安」であって、算出した価格で取り引きしなければならないわけではありません。しつこいですが、売買価格は「お互いが合意した」価格です。

たとえば、買手がDCF法で株価評価を実施した結果、売手の価値を1億円と評価して、この結果をもって、売手に1億円という価格を提示したとします。しかしながら、売手は1億円では売却しない、3億円でないと売却しない、という返答をしたとします。

買手は「なぜ、理論的に評価した結果を受け入れず、そのような法外な価格を吹っかけてくるのだ」と心外に思うでしょう。とはいえ、売手がいくらで売却しようとなんの問題もありません。しかし、逆に買手が3億円で買わなければならないか、というと、また別問題です。買手は3億円の理論的根拠を求めるでしょう。

このままでは、売手と買手は永遠に折り合うことはありません。売手と買手の双方の「納得」のためには、「目安」は必要なのです。

# 株価算定の「目安」となる方法

では、目安となる評価方法にはどのようなものがあるのでしょうか。有名なのは、以下の３つの方法です。

（1）ＤＣＦ法
（2）類似上場会社法
（3）年買法

## (1) DCF法

ＤＣＦ法は、将来のキャッシュフローを割引率で割り引いて、会社や事業の価値を算出する方法です。たとえば、ある会社で将来、10億円のキャッシュを獲得することができ、そのキャッシュの割引価値が7億円なので、7億円で評価する、という方法です。

ファイナンス理論に忠実で、非常に理論的であるという長所があります。一方で、将来のキャッシュフローや割引率の正確な見積もりが困難で、恣意性が介入するおそれがあります。

## (2) 類似上場会社法

類似上場会社法は、類似の上場会社の株価と比較することにより、会社や事業の価値を算出する方法です。たとえば、自動車メーカーT社の時価総額が30兆円なのであれば、その10分の1の規模の自動車メーカーM社の時価総額は3兆円で評価する、という方法です。

株式市場での売買実績をもとに評価するため、説得力が

▼主な評価方法の比較

| 評価方法 | 特徴 | 長所 | 短所 |
|---|---|---|---|
| DCF法(ディスカウント・キャッシュ・フロー法) | 将来のキャッシュフローを割引率で割り引いて企業価値を評価する方法 | 理論的である | 理解しにくい |
| 類似上場会社法(マルチプル) | 上場している類似会社の株価から企業価値を類推する方法 | 説得力がある | 類似会社の選定が困難 |
| 年買法 | 「時価純資産」に「のれん(利益の数年分)」を加えた金額で評価する方法 | 理解しやすい | 理論的ではない |

あるという長所があります。一方で、類似会社の選定が難しいことや、そもそも類似会社が存在しないおそれがあります。

### （3）年買法

年買法は、利益の数年分（2年から5年程度が多い）の「のれん」に、「時価純資産」を加算した金額で評価する方法です。「〇年間経営して、その後に清算することで回収できる金額」と、直感で理解しやすい、という長所があります。

一方で、理論的な背景が乏しい、という短所があります。

### （4）その他の方法

これらの3つ以外にも、特定の業界において用いられる特殊な評価方法も多数あります。

たとえば、クリニックのM&Aを考えてみましょう。もし、医師が開業に際して、一から自分ですべてを準備したとすると、物件の保証金、医療機器の購入費、看護師などの人材の採用費などの経費がかかります。それ以上に、患者さんを獲得して経営を安定させるには、相当な年月と営業努力が必要です。しかし、一方で、引退する年配の医師からM&Aで既存のクリニックを引き受けたとすると、このような資金と努力が省略できます。
そこで、開業した場合にかかる経費と顧客の価値（たとえば、カルテ数×単価）をもとに譲渡対価を決定する場合もあります。この場合、買手からすれば、開業費用や手間をいくら省略できるか、という基準で判断するので、納得しやすい方法です。

では、どの方法で会社の価値を評価するのが正しいのでしょうか。

正解はありません。ケースバイケースです。

多くのM&Aの書籍では、企業価値評価にあたっては、DCF法の説明にほとんどのページを割いているのが通常です。
しかし、スモールM&Aにおいては、年買法を用いることが一般的です。なぜなら、中小企業の経営者に対して、DCF法などのファイナンス理論を振りかざしたとしても理解してもらえないことが多いからです。また、中小企業同士のM&Aにおけるゴールは、「売手と買手が納得して合意すること」であり、理論的に正しいかどうかというのは、さほど大きな問題ではありません。

また、類似上場会社法も、上場会社同士であっても、類似会社を認定するのが難しいのに、ましてや、それを中小企業に当てはめることはかなりの無理が生じてしまいます。

一方で、買手が大企業や上場企業である場合には、社内決裁や株主への説明責任のために、理論的なＤＣＦ法や類似上場会社法が用いられます。

さて、売手がまだ利益をあげていないベンチャー企業である場合には、年買法で評価すると企業価値がつかず、将来の利益を評価に織り込むことができるＤＣＦ法を用いるのが一般的です。たとえば、近年上場したクラウド会計のｆｒｅｅは、上場直近の２０１９年６月の決算では、28億円の営業赤字でした。にもかかわらず、上場して株価もついています。株主は、過去の実績や現状の業績ではなく、将来の利益を見込んで株式を購入しています。

逆に、ＤＣＦ法では、そのままでは資産価値を評価に織り込めないため（非事業資産として織り込むことはあります）、過去に取得していた本社などの時価が上昇して資産価値は高いが、現在の業績はパッとしない老舗企業などの評価は低くなってしまいます。

【年買法―ケーススタディ】

年買法によるA社の評価額はいくらでしょうか。

・決算書上の純資産は45百万円
・保有する土地に、5百万円の含み損がある
・営業利益は10百万円

●回答(一例)

修正純資産40百万円(簿価純資産45百万円－土地含み損5百万円)＋のれん30百万円(営業利益10百万円×3年)＝70百万円

買手は、A社を購入した場合、3年間経営した上で清算すれば、購入額の70百万円を回収できることになります。値段も投資の効果も、直感で理解できます。

ただし、実際には3年後に会社を清算するわけではありません。また、今回の回答例では

のれんの期間を3年としましたが、実際には交渉によって決定するものです。2年や、5年、ときにはより長期ののれんも考えられます。

利益に関しても、営業利益を用いるのか、経常利益を用いるのか、税引前利益を用いるのか、正常収益力を用いるのか、決まりはありません。

▼年買法によるA社の評価額

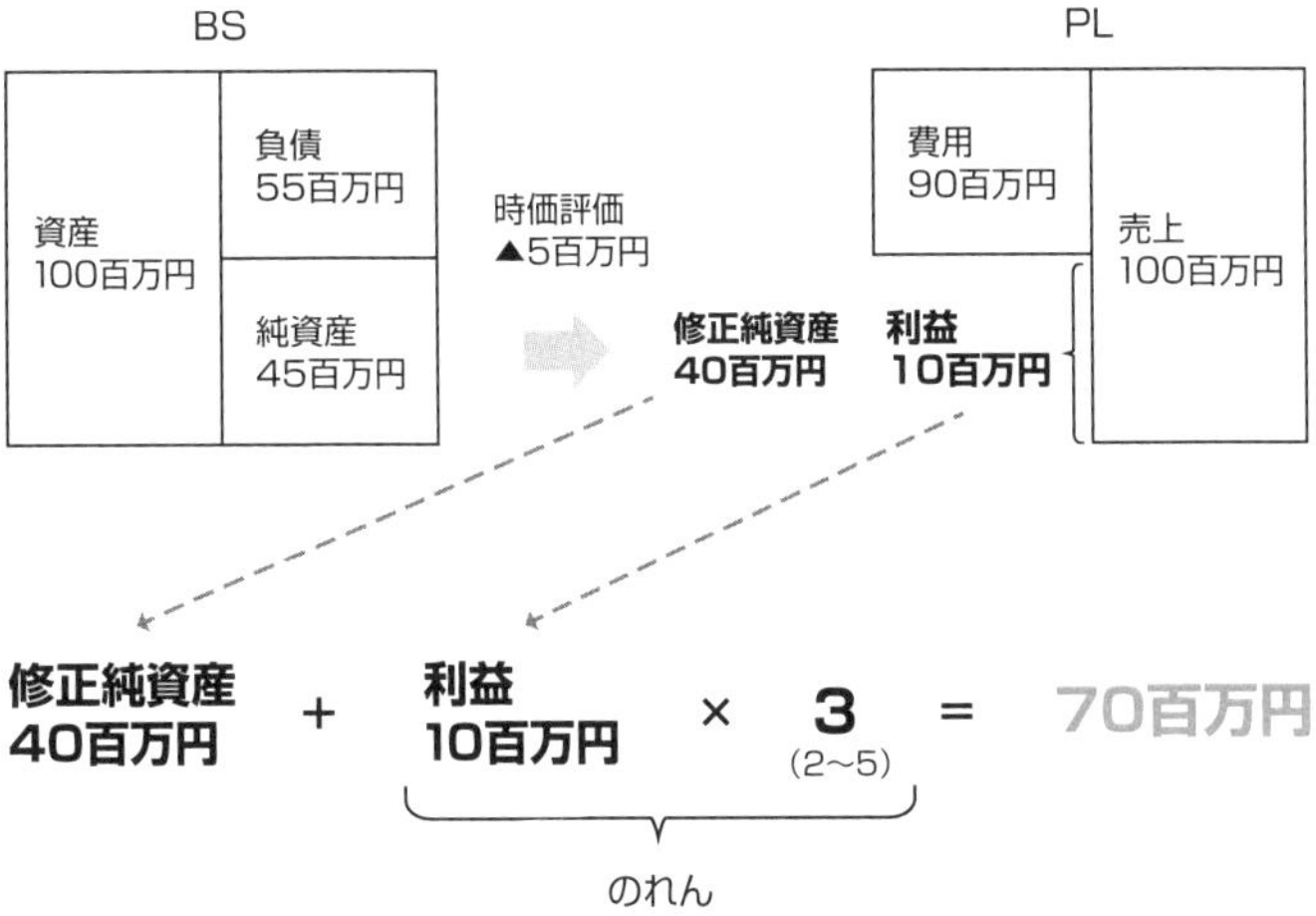

# 見えない価値をどう評価するか

さきほどは、年買法の説明をしました。

では、以下のB社の値段はいくらになるでしょう。

【見えない価値をどう評価するか―ケーススタディ】

B社は創業50年の会社であり、ベンチャー企業のような急激な成長は見込めません。

・10百万円の赤字

・30百万円の債務超過

●回答（一例）

修正純資産▲30百万円（＝簿価純資産▲30百万円）＋のれん▲30百万円（営業利益▲10百万円×３年）＝▲60百万円

理論上は、売手が買手に60百万円を渡した上で、会社を引き取ってもらうことになります。売手はそのような選択をするよりは、廃業することを選ぶでしょう。

しかし、現実にはこのような会社であっても、値段がつき、売買されています。

買手は、なぜ赤字や債務超過の会社を、お金を支払ってまで購入するのでしょうか。

ひとつには、端的に言うと売手の経営能力が乏しく、買手が購入して経営することによ

▼年買法によるB社の評価額

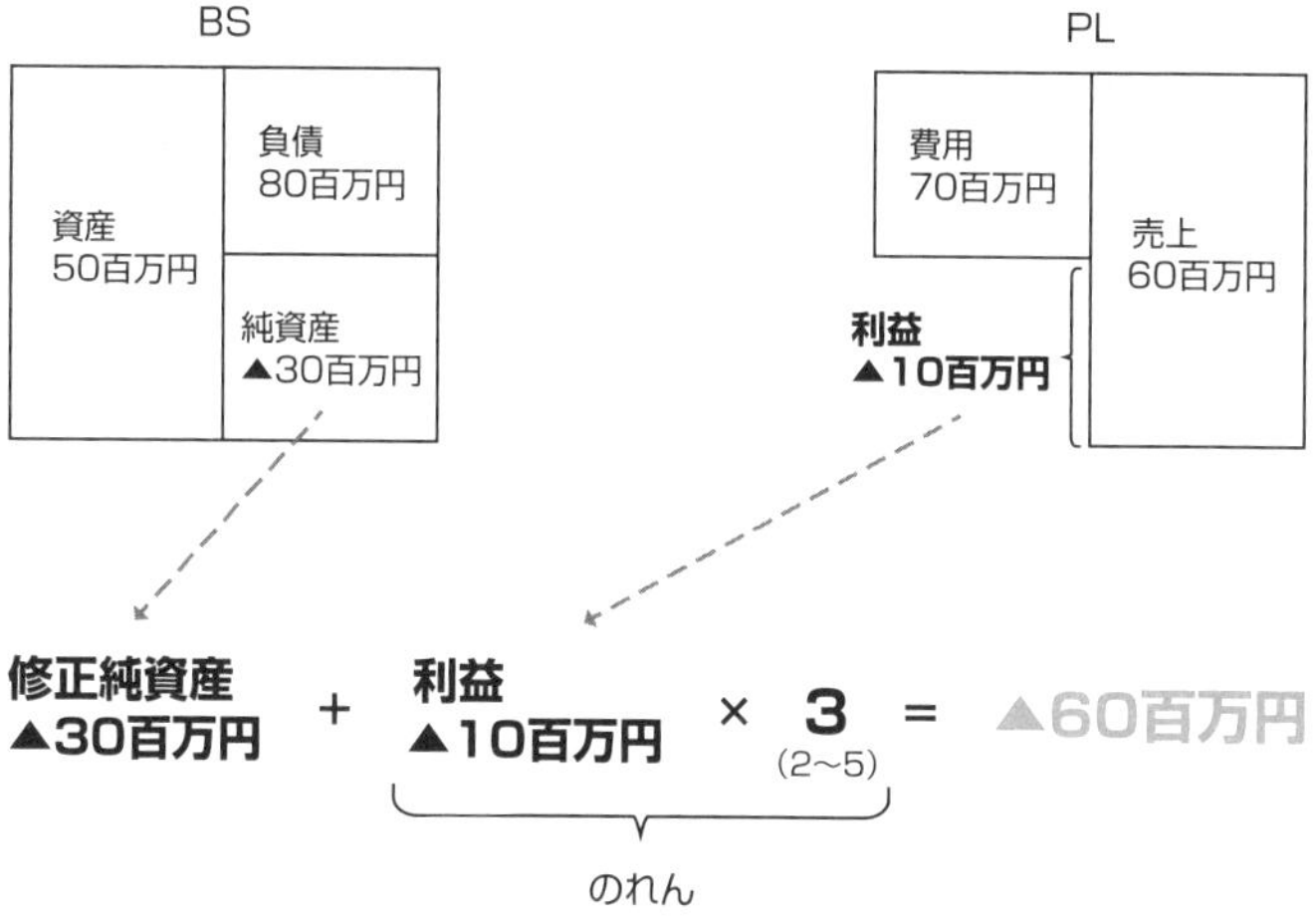

って、赤字や債務超過を改善できる見込みがある場合です。

実は、スモールM&Aは成功する確率が高いのです。一時期、某フィットネス会社がM&Aに異常なまでに積極的でしたが、経営が傾くとM&Aはすべて凍結しました。通常、経営状況が芳しくない会社は買収どころではないでしょう。買収される心配をしなければなりません。買手に名乗りを上げるのは、資金面でも、経営面でも優れた企業が多いのです。

一方で、赤字や債務超過になる中小企業は、大企業ほどには事情が複雑ではなく、単に「当たり前のことを当たり前に」できていないだけであることが多いのです。買収後に「当たり前のことを当たり前に」するだけで、経営が好転してしまいます。

たとえば、M&A後に、月次決算や経営計画の策定などの基本的な経営管理を導入しただけで、すぐに黒字化した会社がいくつもあります。ご年配の経営者から旅館を購入した後に、Web集客を始めただけで売上が2倍になったこともあります。

もう一つは、111ページ「スモールM&Aにおける譲渡案件の見極め方」で説明したように、買手に「見えない資産」がある場合です。

しかし、このような価値は、客観的に把握することは難しく、また、当事者である売手自身にとっては当たり前すぎてその価値を実感できていないのが通常です。

では、その価値をどのように把握すればよいのでしょうか。いくつかの分析ツールをご紹介します。

まずは、SWOT分析を実施することをお勧めします。

SWOT分析とは、内部環境としての自社の強み（Strength）と弱み（Weakness）、外部環境としての機会（Opportunity）と脅威（Threat）を分析するフレームワークです。経営学に触れたことのある方であれば、ご存知の方も多いでしょう。たとえば、とある薬品製造会社のSWOT分析の例は次ページのようになります。

「うちの会社には弱みしかなく、強みなんて何もない」とおっしゃる経営者も多いです。しかし、実際に強みが一つもなければ、その会社はすでに倒産しているはずです。なんらかの強みがあるからこそ、今日まで存続することができているのです。

SWOT分析に際しては、中小企業においてはとくに弱みや脅威はいくつでも簡単に上げることが可能です。しかし、弱みばかりあげて、「まずいですね」、という結論をまとめても、なんの意味もありません。それよりも強みを見出すことに注力するべきです。

たとえば、先ほどの薬品製造会社においては、会社が小さいことをマイナスとだけ捉えていました。しかし、そのような規模であるからこそ、小回りが利き、しかも、設備が4台あるがゆえに、小ロットでタイムリーな生産が可能となっていました。これにより、大手企業との長年の取引を可能としていたのです。そのような確固たる強みをアピールできれば、買手を見つけることができる確率は上がります。

▼SWOT分析図

| | プラス要因 | マイナス要因 |
|---|---|---|
| 内部環境 | 強み（Strength）<br><br>・大手との長年の取引実績<br>・小回りが利く規模<br>・製造設備を4機保有 | 弱み（Weakness）<br><br>・仕入れの不安定<br>・設備の老朽化<br>・人材確保の困難（とくに薬剤師） |
| 外部環境 | 機会（Opportunity）<br><br>・新興国での需要増加<br>・新規参入の困難 | 脅威（Threat）<br><br>・原材料仕入価格の急激な変動<br>・監査基準の厳格化<br>・薬価の低減傾向 |

見えない価値を洗い出すためには、ビジネスモデル俯瞰図を作成するのもよいでしょう。事業再生計画を作成するにあたって作成したことのある方もいるでしょう。俯瞰図で全体を一目でとらえることによって、検討の漏れを失くすことができます。

とある旅館のビジネスモデル俯瞰図の例は以下の様になります。

▼ビジネスモデル俯瞰図

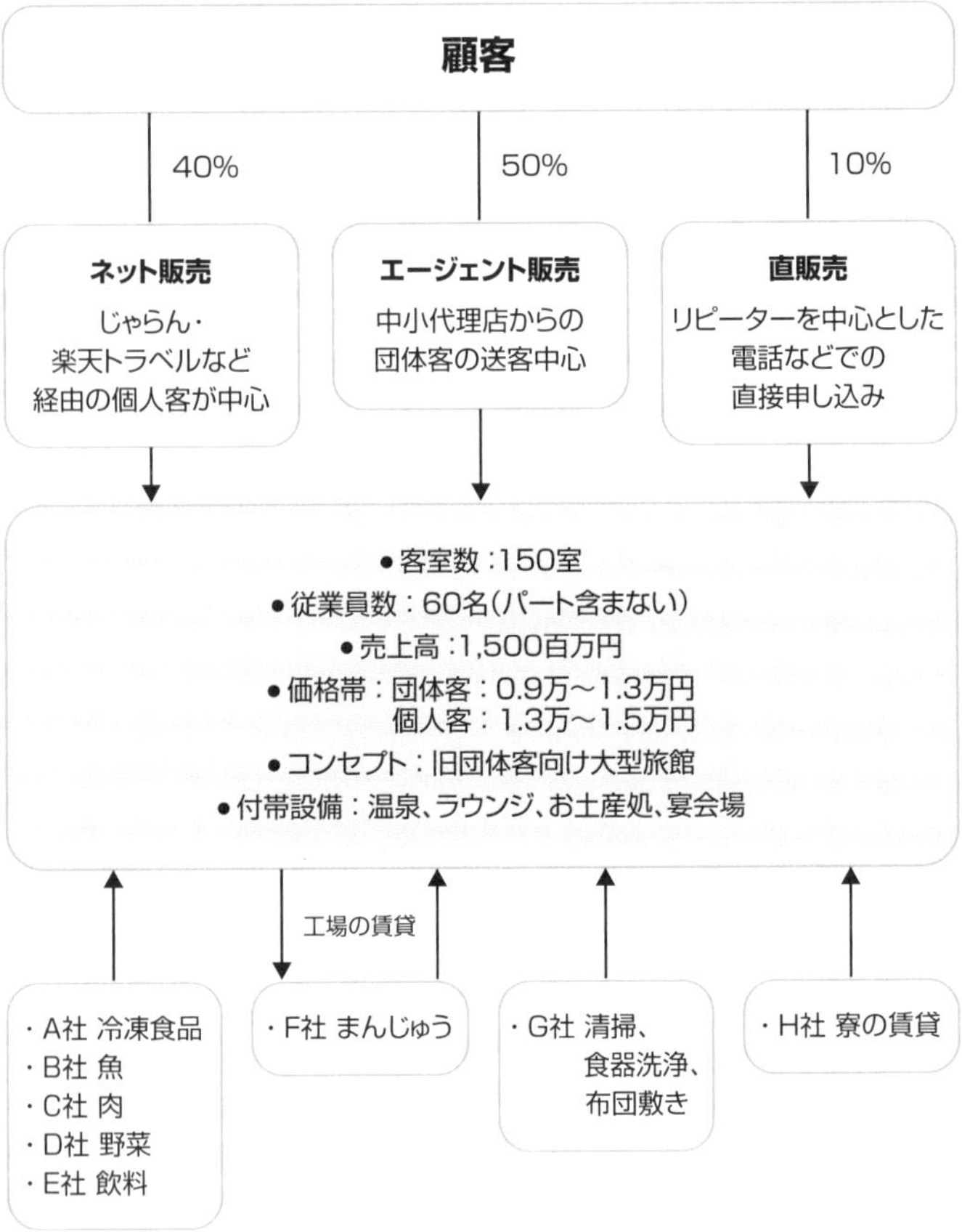
顧客
40%
50%
10%
ネット販売
じゃらん・
楽天トラベルなど
経由の個人客が中心
エージェント販売
中小代理店からの
団体客の送客中心
直販売
リピーターを中心とした
電話などでの
直接申し込み
●客室数：150室
●従業員数：60名(パート含まない)
●売上高：1,500百万円
●価格帯：団体客：0.9万～1.3万円
個人客：1.3万～1.5万円
●コンセプト：旧団体客向け大型旅館
●付帯設備：温泉、ラウンジ、お土産処、宴会場
工場の賃貸
・A社 冷凍食品
・B社 魚
・C社 肉
・D社 野菜
・E社 飲料
・F社 まんじゅう
・G社 清掃、
食器洗浄、
布団敷き
・H社 寮の賃貸

**ローカルベンチマーク**（通称、**ロカベン**）を利用するのもよいでしょう。

https://www.meti.go.jp/policy/economy/keiei_innovation/sangyokinyu/locaben/

ロカベンは経済産業省が作成したツールで、本来は、経営者との対話のきっかけにしてもらうために経営を可視化するツールです。中小企業診断士の方にはなじみが深いのではないでしょうか。

経済産業省のページには、次のように説明されています。

ローカルベンチマークは、企業の経営状態の把握、いわゆる「健康診断」を行うツール（道具）として、企業の経営者等や金融機関・支援機関等が、企業の状態を把握し、双方が同じ目線で対話を行うための基本的な枠組みであり、事業性評価の「入口」として活用されることが期待されるものです。

具体的には、「参考ツール」を活用して、「財務情報」（6つの指標※1）と「非財務情報」（4つの視点※2）に関する各データを入力することにより、企業の経営状態を把握することで経営状態の変化に早めに気付き、早期の対話や支援につなげていくものです。

（※1）６つの指標：①売上高増加率（売上持続性）、②営業利益率（収益性）、③労働生産性（生産性）、④EBITDA有利子負債倍率（健全性）、⑤営業運転資本回転期間（効率性）、⑥自己資本比率（安全性）

（※2）４つの視点：①経営者への着目、②関係者への着目、③事業への着目、④内部管理体制への着目（以上、経済産業省ホームページより引用）

次のURLの２０１８年5月公表版の「ツール利用マニュアル」では、ツールの画面の説明がされていますので、参考にしてみるとよいでしょう。

https://www.meti.go.jp/policy/economy/keiei_innovation/sangyokinyu/locaben/manyuaru201805.pdf

会社の見えない価値を見出すツールは、これ以外にも数多くあります。しかし、あくまでツールで価値を見出すことに意味があるのであり、綺麗で立派な資料を作ることそのものが目的ではありません。

経営者だけでこれらのツールを使いこなすことは困難です。また、「岡目八目」の言葉通り、自分の会社のことはなかなか客観的に把握できません。

ここで、中小企業診断士などの経営の専門家の支援が必要となってくるのです。経営者とディスカッションしながら、経営者自身も気付けていない会社の価値をともに見出すサポートが求められるのです。

さて、様々なツールをご紹介しましたが、それ以外の効果的な方法をご紹介しましょう。

それは、会社と経営者の歴史について聴くことです。これまで最も苦労したことや、逆にもっともやりがいを感じたことに、とくにフォーカスを当てながら聴いてみてください。苦労を乗り越えるその過程の中に、その会社の強みが隠れていることが多いのです。また、歴史を聞くことで、経営者との距離も縮まり、一石二鳥です。ぜひ、やってみてください。

# デューデリジェンスとは何か

デューデリジェンスは、士業が、その業務自体を請け負う場合も多く、また、ＦＡとして関わる場合にも、その対応は重要な業務です。

ここでは、そもそも、デューデリジェンスとは何なのか、その本質を理解しておきましょう。

デューデリジェンス（以下、ＤＤ）とは、Ｍ＆Ａに関する意思決定を行うに際して、対象会社の実態を理解し、問題点の有無を把握するために行われる調査のことです。

結婚に例えるならば、「身元調査」のようなものでしょうか。たとえば、結婚を考えている男性が、実は既婚だった、とか、多額の借金があった、となれば大問題です。「いや、それでも、私は彼を愛しているの」というのであれば、べつに構わないですが（既婚であれば、そもそも、結婚自体が不可能ですが）、ほとんどの女性はその男性とは別れてしまうのではないでしょうか。もし、そのことに気づかずに結婚してしまったら、取り返しのつかないことになってしまいます。「愛しているのなら、彼を信頼して、そんな調査などするべきではない」というのももっともですが、綺麗ごとだけでは済ませられないのも現実です。

さて、ビジネスの現場においても、与信枠を設定するために販売先の信用調査を実施するように、相手のことを全面的に信頼してしまうことは危険で、リスク管理のために疑ってみる必要があります。ビジネスのごく一部でしかない与信の現場においても、このような調査を実施するのですから、会社全体を購入するM&Aにおいては、より深い調査が必要なことは想像に難くありません。

DDはある程度、交渉が進んでから実施され、通常、いきなりDDが実施されることはありません。交渉初期の段階では、会社概要書などの資料が売手側から提出されますが、「売手の主張が真実である」というのが大前提です。売手の立場からは、まだ、購入するかどうかもわからない相手に、自社の情報を相手が望むままに詳細に提供することには抵抗感があります。また、買手としても、まだ購入の可能性が低い段階でDDを実施した結果、購入が見送られた場合には、そのＤＤ費用が無駄になってしまいます。

しかし、買手の購入の意思と売手の売却の意思がある程度明確になってくると、売手側から、売手主導による調査を実施したい、という要望が当然出てきます。

身元調査や信用調査であれば、相手に無断でばれないように実施するため、いつの時点でも実施することができます。しかし、ＤＤは、売手の協力がなければ実施できません。そのような信頼関係が構築されるのは、ある程度交渉が進んでからでないと不可能です。

さて、デューデリジェンスとは、英語の『Ｄｕｅ Ｄｉｌｉｇｅｎｃｅ（当然の努力）』のことで、「ＤＤ」とも略されます。日本語で「買収調査」「買収監査」と呼ばれることもあります。

「会社を買うのであれば、買収先のことをチェックくらいするくらいの努力をするのは当たり前」というのがおそらくもともとの意味だと思います。よくある勘違いとして、『Ｄｕｅ Ｄｉｌｉｇｅｎｃｅ』の「Ｄｕｅ」に「義務」と言う意味があることから、「売手が調査を受ける義務」と捉える方もいますが、そのような意味ではありません。

ここで、重要なポイントは、ＤＤは買手の「権利」であって「義務」ではありません。ですので、買手がＤＤを実施しないことはなんら問題ありません。大企業が買手の場合、必ずＤＤを実施します。しかし、中小企業が買手の場合では、ＤＤを実施しないこともそれほど珍しくはありません。

そもそも、購入後に不測の事態が生じたとしても、売手は買手に責任を追及することはなかなか難しいのが現実です。たとえば、購入後に想定していた利益が上がらなかった、と売手に責任を追及したところで、購入前にどのように想定していようと買手の勝手ですし、購入後の買手の経営がまずかっただけかもしれません。どこまでが売手の責任なのかは曖昧で、虚偽の資料を提出していたなど、よほど責任が明らかな場合でなければ追及することは困難です。

ですので、購入前に売手のことを調べ上げ、問題が発見されれば交渉を中止したり、条件を変更したりするなどの対応を講じる必要があるのです。

逆に言えば、売手が購入後にすべてのリスクを背負う覚悟がある、または、リスクはたいしたことがないと確信したのであれば、買手はＤＤを実施しなくてもよいのです。

DDの目的は主に以下の3つです。

## （1）M&Aの実施に係る意思決定に資する情報提供

たとえば、M&Aの目的が、売手の有する得意先A社への取引実績だったとしましょう。DDによりA社との契約書を調査した結果、A社との取引がすでに終了していたとすると、当初のM&Aの目的は達成できません。そうであれば、交渉を中止することを考えなければいけません。それ以外にも、たとえば、売上の架空計上のような意図的な粉飾があった場合には、それ以外にもなにか隠しているのではないかと、経営者の誠実性に疑念が生じてしまいます。交渉の中止も検討した方がよいでしょう。

## （2）M&Aの対価額の交渉・決定に資する情報提供

たとえば、DDの結果、決算書上の棚卸資産の中に、販売できない商品が5百万円あったとしましょう。この場合には、売手に対して譲渡価額の引下げを要求することを検討します。

また、調査の結果、売手の経営者への役員報酬が相場よりも相当程度高かったり、交際費を多額に使っていたりしたとしましょう。この場合には、買収後に、それらの役員報酬や交際費をカットできる余地があるため、決算書以上の収益力があることがわかります。

## （3）M&A実行後の対象会社の運営戦略立案に資する情報提供

たとえば、DDの結果、経営者を支える管理職がおらず、経営者が引退してしまうと会社が回らないことがわかったとしましょう。この場合には、買手から経営者に替わる人材を派遣しなければなりません。どのような人材がよいかを検討する必要がありますし、人材を派遣できない場合には交渉の中止も検討しなければなりません。

また、給与規定や会計処理基準など、制度や基準が異なっている部分を確認しておき、買収後にどのような制度にしていくかを事前に考えておかなければ、買収直後にアクションを起こすことができなくなります。買収直後こそが、その後の事業統合に最も重要な時期です。あとから徐々に統合していけばいいや、と悠長に構えてしまうと、後々、修正が難しくなってしまいます。

# 分厚いDD報告書が必要な本当の理由

過去に会社員の経験があり、勤務していた会社でM&Aに携わった方もいるかもしれません。M&Aのために、大手会計事務所に依頼して、何百ページにも及ぶ分厚いDD報告書を作成してもらったのではないでしょうか。

そのような報告書を目にしたことがあると、DDを受注しても報告書作成が大変だ、とか、FAに就任しても、あのような報告書は理解できない、と躊躇してしまうかもしれません。

しかし、中小企業のスモールM&Aにおいては、DCF法ではなく、年買法で評価するのが常識であるように、必ずしも分厚い報告書が必要なわけではありません。なぜなら、買手が上場企業や大手企業のM&Aと、中小企業のM&Aでは、当事者が大きく異なるからです。

根本的に異なるのが、大手企業においては所有と経営が分離され、経営者は株主への説明責任があるという点です。それに対して、中小企業においては通常、所有と経営が一致しており、経営者は会社のオーナーであり、誰の気兼ねもなく意思決定ができます。

また、大企業では、通常、経営企画部がM&Aの案件を検討して、経営陣の決裁をとるのに対して、中小企業では経営者自らがM&Aの案件に関わってきます。

たとえば、5億円で会社を買収した結果、利益を全く上げられなかったとしましょう。投資した5億円は丸損です。

このとき、大企業の経営者は株主代表訴訟を提起されるリスクがあります。他人である株主からお預かりしている資産を棄損させてしまったのですから大問題

▼M&Aの当事者の相違

| | 大企業のM&A | スモールM&A |
|---|---|---|
| 主体 | 大企業 | 中小企業 |
| 実行者 | サラリーマン（経営企画部など） | 経営者 |
| 立場 | 上司や株主に対して説明責任 | 上司兼株主 |
| DDのニーズ | 失敗した場合でも怒られないこと | M&Aの成功 |
| DDの成果物 | ブランドのあるアドバイザーの論理的で分厚い報告書 | 経営者自身の腹落ち |

です。経営企画部の担当者は、経営者から叱責を受けて、出世の道を閉ざされてしまうかもしれません。一方、中小企業のオーナー経営者であれば、ＢＳの子会社株式が棄損することを通して、自分の財産である自社株式が棄損するだけです。

しかし、逆に、大企業の経営者の立場で考えれば、Ｍ＆Ａで失敗するたびに責任をとらされていては、怖くてＭ＆Ａなどできません。しかも、現在では、企業価値向上のためにはＭ＆Ａは重要な手段とされています。これを駆使できない経営者は無能の烙印を押されかねません。

経営者からすれば、Ｍ＆Ａはするもリスク、しないもリスクなのです。

現実には、ある大手通信会社などは、Ｍ＆Ａをことごとく失敗しており、逆に成功した話を寡聞にして知りません。しかし、Ｍ＆Ａの失敗によって、経営者がクビになった、とか、株主訴訟に負けた、とかいうことをほとんど耳にしません。

経営者の防衛策の一つが、大手会計事務所のＤＤ報告書や株価算定書なのです。

たとえば、あなたがある健康食品を購入するかどうか迷っているとします。ただ単に、健康食品会社の社長が効用を謳ったとしても、胡散臭く感じて購入を見送るかもしれません。また、購入して効果がなかった場合、騙された、と思うかもしれません。

しかし、東京大学教授の効用に関する詳しい研究報告書があればどうでしょうか。その報告書の内容を全く理解できなくとも、というより、報告書自体を全く読まなくても、その製品への信頼が高まって購入してしまうかもしれません。また、効用がなかった場合でも、たまたま、今回は私には合わなかっただけだ、と諦めがつくかもしれません。

これと同様に、ブランド力のある大手会計事務所の分厚い報告書を入手しておけば、M&Aに失敗した場合であっても、「経営者として、第三者のプロフェッショナルを使って、詳細で客観的な調査をした上での結果です。我々に落ち度があったわけではありません。ビジネスなんですからベストを尽くしても失敗することもあるのです。」と、ステークスホルダーに言い訳ができるわけです。

これがもし、DD報告書がなく、ただ、経営者の直感だけでM&Aをしていた場合はどうでしょうか。本当に検討したのか、もっと真剣に検討していれば失敗を回避できたんじゃないか、と株主が追及したくなるのも当然です。

また、個人会計士の作成したＤＤ報告書であれば、どんなにその報告書が素晴らしい内容であったとしても、品質の判断ができない第三者からは、大手会計事務所の調査に比べて不十分なのでは、と思われるのも仕方ありません。

分厚いＤＤ報告書には、Ｍ＆Ａが失敗した場合の「免罪符」としての側面があるのです。

もちろん、ＤＤ報告書が不要なのではありません。ＤＤの調査結果をまとめることで売手の実態を把握することはたいへん重要です。

とはいえ、大手会計事務所のＤＤ報告書は、このような大手企業の経営者のニーズに応えるために、また、会計事務所自身の訴訟リスクを抑えるために、細かい事項まで網羅された形式的で分厚い報告書となってしまいがちです。

しかし、スモールＭ＆Ａにおいては、実質的なポイントを深く押さえておくことが重要です。中小企業のオーナー経営者が求めるものは、「免罪符」ではなく、M&Aの成功です。M&Aに失敗しても、誰かに責任を擦り付けて責任を回避することなどできません。責任はすべてオーナー自身で被らなければいけないのですから。

# 一目でわかるDD

ここでDDの種類を見ていくことにしましょう。様々な士業がDDに関わるチャンスがあることがわかるはずです。

### (1) ビジネスDD

事業活動に関する調査です。たとえば、売手のビジネスの概要や業界での立ち位置が明らかになったり、買収後の買手とのシナジー効果が明らかになったりします。

### (2) 財務DD

財務・会計・税務面に関する調査です。簿外債務の存在が明らかになったり、回収できない売掛金が存在することが判明したりします。

▼ＤＤの種類

| ＤＤの種類 | ＤＤの内容 | 主に関わる士業 |
|---|---|---|
| ビジネスＤＤ | 事業活動に関する調査<br>市場の概況、商品の特質、事業活動や購買、生産、販売活動、研究開発活動等の実態調査 | 中小企業診断士 |
| 財務ＤＤ | 財務・会計・税務面に関する調査<br>過去の財政状態、損益状況の推移、現在の財政状態、将来の損益、資産状況の見通し等の実態調査 | 公認会計士 |
| 法務ＤＤ | 法律面に関する調査<br>定款や登記事項等の法務面での基本事項、対外的な契約関係、係争事件による損害賠償等の調査 | 弁護士 |
| 人事・労務ＤＤ | 人事面に関する調査<br>就業規則や人的資源、未払残業代などのコンプライアンスの調査 | 社会保険労務士 |
| ＩＴＤＤ | ＩＴシステムに関する調査<br>使用しているシステムの構成やシステムの整備・運用・保守の状況の調査 | ＩＴコーディネータ |
| 不動産ＤＤ | 土地・建物などの不動産に関する調査<br>不動産の経済的・法的・物質的な側面からの調査 | 不動産鑑定士 |
| 知財ＤＤ | 知的財産活動に関する調査<br>技術（特許権、実用新案）やブランド（商標権）、デザイン（意匠権）やコンテンツ（著作権）の調査 | 弁理士 |
| 環境ＤＤ | 汚染状況などの環境問題に関する調査<br>地下の汚染物質や建物のアスベストの調査 | － |

### （3）法務DD

法律面に関する調査です。たとえば、取引先と長期に渡って解約できない契約が存在することが明らかになったり、株主の交代についても、貸主の承認が必要な条項がある賃貸借契約の存在が明らかになったりします。また、許認可に関して、行政書士に調査してもらうこともあります。

### （4）人事労務DD

人事面に関する調査です。たとえば、未払残業代の存在が明らかになったり、売手と買手の給与規定などのギャップが明らかになったりします。

### （5）ITDD

ITやシステムに関する調査です。たとえば、銀行同士が合併する場合に、どちらのシステムを用いるかは大きな問題となります。M&A後のシステム統合作業をどのように実施するべきかを検討するために実施します。

### （6）不動産DD

土地や建物などの不動産に関する調査です。不動産は簿価と時価が乖離しているのが通常です。たとえば、昭和の創業時から有している本社は、高度成長期を経て、かなり値上がりしています。逆にバブル期に購入した不動産は値下がりしています。このような影響を検討するために実施します。

### （7）知財DD

商標や特許などの知財に関する調査です。商標や特許は帳簿上には計上されませんが、無形資産として重要です。たとえば、あるゲーム会社を特許を目的として買収する場合に、その特許が他の会社の特許を侵害していることが明らかになったりします。

### （8）環境DD

土地や工場の汚染状況に関する調査です。たとえば、昔に建設された工場にアスベストが含まれており、その除去にいくらくらいの費用がかかるかが明らかになったりします。

なお、これらのＤＤは、その範囲をすべて明確に区分できるわけではありません。たとえば、未払残業代の調査を、法務ＤＤで実施するのか、人事労務ＤＤで実施するのかは判断しだいです。人事労務ＤＤを単独で実施する場合には、そちらで調査しますが、実施しない場合には、法務ＤＤで一括して実施したりします。

財務ＤＤでは、たとえば、リースの会計処理の妥当性を判断するためにリース契約書を確認したりすることもあるため、法務ＤＤと重複したりします。

また、すべてのＤＤを実施するわけではありません。売手と買手がともに中小企業であるスモールＭ＆Ａにおいては、財務ＤＤについては、７割くらい実施しますが、法務や人事労務ＤＤは３割程度、ＩＴ、知財、環境に関してはほとんど実施されない、というのが実感です。

ただし、知財や環境の重要性は認識されつつあり、今後はスモールＭ＆Ａにおいても、このようなＤＤの機会も増えるものと見込まれます。

不動産ＤＤについては、少額であれば路線価などからの簡便的な計算で済ませ、影響が大きくなるのであれば、不動産鑑定士などに依頼して正確な評価をした方がよいでしょう。

# 財務ＤＤの流れ

ここでは、財務ＤＤの例をとって、ＤＤの流れを説明します。他のＤＤにおいてもだいたい同じ流れです。

## （1）資料依頼

まずは、買手から売手に対して、ＤＤに際して準備してほしい資料のリストが提出されます。

依頼資料は多岐に渡りますが、ざっくりとは、売手の概要を把握するために必要な資料と、決算書の正確性を確認するための根拠資料に大きく分かれます。

▼財務ＤＤの流れ

| 資料依頼 | 実地調査 | DD報告書 |
| --- | --- | --- |
| 買手ＤＤ実施者（公認会計士など）から売手に依頼資料リストを提出 | 買手DD実施者が、売手に訪問。帳簿や資料を確認するとともに、売手に質問を実施 | 買手DD実施者が、買手に対して調査の結果を報告書にして提出。調査報告会を実施することも |

▼財務ＤＤ　概要把握のために必要な資料　一部

| | |
|---|---|
| 定款 | 法人税確定申告書 |
| 株主名簿 | 会社法計算書類 |
| 登記簿謄本 | 合計残高試算表 |
| 株主総会や取締役会の議事録 | 月次試算表 |
| 会社案内、パンフレット、主要サービス一覧等の会社・事業概要が分かる資料 | 勘定科目明細 |
| 組織図 | 取引先別の売上高 |
| 主な商流・物流がわかる資料 | 取引先別の仕入外注高 |
| 営業所、事業所、倉庫、工場等、拠点の一覧 | 予実管理資料 |
| 保有する法令、条例に基づく許認可の一覧 | 来年度予算・事業計画書（中期経営計画） |
| 就業規則、賃金規定、賞与規定、経理規定 | 資金繰表 |

▼財務ＤＤ　決算書の正確性の確認のために必要な資料　一部

| | |
|---|---|
| 売上債権にかかる主要な相手先ごとの取引内容、金額、回収サイトが分かる資料 | 賞与引当金(役員および従業員)、退職給付引当金、役員退職慰労引当金の計上根拠及び計算資料 |
| 売上債権の年齢表 | 退職金制度・年金資産制度の制度概要が分かる資料 |
| 貸倒引当金の計算根拠資料 | 返金、値引き、アフターサービス、クレーム等の偶発債務あるいは引当の必要を検討すべき項目についての資料 |
| 商品の棚卸結果の資料 | 預金口座の明細（銀行、支店、預金種別、口座用途、残高等） |
| 貸付金の内容（相手先、金額)、回収スケジュールおよび回収状況がわかる資料 | 拘束性預金の明細（金額、拘束理由等） |
| 固定資産台帳・固定資産取得明細・固定資産除却明細・減価償却費明細 | 借入金に関する契約書一式、相手先別明細及び返済スケジュール表 |
| ファイナンスリース、オペレーティングリース別のリース資産一覧 | 保証、保証予約、経営指導念書に関する一覧表及びその他これらに関する資料一式 |
| 関係会社株式・未上場株式・出資金の保有比率、及び財務状況が分かる資料 | 不動産、動産その他の資産に設定された抵当権、質権、譲渡担保その他の物的担保の一覧（登記されていないものも含む） |
| 仕入債務にかかる主要な相手先ごとの取引内容、金額、支払サイトが分かる資料 | 過去に労働監督署からの指導、勧告等があった場合は、その内容が判明する資料 |
| 期末日前後に計上された費用に関する請求書 | 税務調査があった場合は、その内容が判明する資料 |

## ❖（2）実地調査

資料を準備してもらったうえで、実地調査を行います。資料さえ入手できれば、わざわざ出向く必要はないのでは、と思われるかもしれません。しかし、たとえば、仕訳帳のように、量が膨大な資料や、銀行通帳のような貴重品もあります。また、資料の調査に際して生じた疑問点をタイムリーに質問するため、通常は実地調査を実施します。

場所は売手企業で実施することが多いですが、売手企業は従業員にもM&Aを進めていることを公表していないことが一般的です。このように、従業員にはばれたくない場合には、「デューデリジェンス」とは言わずに、税務調査対策とか、経営コンサルティングなどの名目で訪問したり、従業員がいない休日に一部の関係者のみで対応したりします。それも難しい場合には近くの会議室で実施したり、買手側で実施したりすることもありますが、資料の運搬が面倒になります。

資料の確認だけではなく、インタビューも実施します。売手経営者に直接、会社の概要や経営方針、事業計画を確認します。これにより、とくにリスクの高い項目を識別することができ、限られた実地調査の時間で、効率的な調査が可能となります。

また、経営者の人柄を判断したり、買手が直接聞くのが憚られる（たとえば、社長と会社との間の私的な取引の状況など）事項を、第三者であるDD実施者を通して聞いたりすることができます。

財務DD以外にも法務や人事労務のDDも実施する場合には、なるべく日程が重なるように調整して、売手の負担を減らすようにします。

## (3) DD報告書

実地調査の結果を、DD報告書としてまとめます。DD実施者による報告会が実施されることもあります。

DD報告書は、場合によっては何百ページにも及ぶ分厚いものになる場合もあります。そのような報告書を買手側の忙しい経営者がすべて目を通すのは現実的ではありません。まずは、エグゼクティブサマリーに目を通して、より詳細に確認したいものだけ、それ以降のページの詳細な説明を読むとよいでしょう。経営者には、M&Aをこのまま実行してもよいのか、という意思決定を行うことに集中してもらってください。

▼財務ＤＤ報告書　目次例

財務ＤＤ報告書　目次

Ⅰ.はじめに
Ⅱ.エグゼクティブサマリー
　1.対象会社の概要
　2.対象会社の株主構成
　3.財務情報の要約
　4.重要な発見事項の要約
　（1）貸借対照表に関する分析
　（2）損益計算書に関する分析
Ⅲ.重要な発見事項の詳細
　1.重要な発見事項
　2.それ以外の発見事項
Ⅳ.財務情報の詳細やその分析
　1.会計処理基準
　2.貸借対照表分析
　3.損益計算書分析

詳細な説明に関する部分は、M&A実働部隊の担当者が、M&Aの条件の検討や、買収後の事業統合を検討するために活用してください。

なお、たまに売手側からDD報告書を見せてほしい、という要望があります。一度、報告書を入手しておけば、また別の買手のDDが必要となった場合にも、その報告書を渡せばいいので手間が省ける、と考えるようです。しかし、DDは買手によって、その範囲も、重点を置く項目も変わってきます。また、売手には公開できない事項も掲載されているので、報告書を売手に提示することはありません。

# スモールM&AにおけるDDのポイント

ここでは、売手や買手のFA業務の一環としてDDの対応をする場合に、そのポイントについて説明します。このようなポイントを理解しておくことで、DD自体の業務を請け負う場合にも、FAの立場を理解したDDを提供することができます。FAからの信頼は高まり、リピート依頼を獲得することができるはずです。

## (1) 詳細なDDを実施する必要があるか

当然ですが、DDを専門家に依頼すると報酬がかかります。また、詳細に調査すればするほど、専門家に支払うDDの報酬がかかります。極端に言えば、請求書をすべて調査することもできますが、そうなれば会計士に支払う報酬は厖大になるでしょう。

中小企業のM&Aにおいては、会社の規模が小さく、通常1つの事業しか運営していません。よって、会社全体を見渡すことが容易です。

また、買手も中小企業である場合には、買手社長には「現場カン」があり、売手の会社や現場を訪問して売手社長と話をするだけで、会社の実態を把握できてしまうことがあります。このような場合に詳細なＤＤを実施しても費用対効果が見合わないかもしれません。


とはいえ、中小企業のＭ＆Ａであっても、財務ＤＤだけは実施することが多いです。財務は会社全体を容易に見通せる手段で、買手、売手当事者双方が把握できていない問題を検出することも可能です。とはいえ、専門的知識が必要で、一般人が容易に扱えるものでもありません。

とくに売手が中小企業の場合には、管理体制

▼ＤＤの範囲の検討の比較

| | 大手企業のM＆Ａ | スモールM＆Ａ |
|---|---|---|
| 買手経営者 | マネジメントに専念<br>現場カンはない | プレイングマネージャー<br>現場カンがある |
| 売手企業 | 多数の事業を大規模に展開<br>全体を見渡せない | 単一事業を小規模に展開<br>容易に見渡せる |
| 調査対象 | 管理体制が整備され、監査人の監査も受けている場合も | 管理体制はなく、経営者のドンブリ勘定 |
| 誤謬や不正 | 少ない | 多数 |
| ＤＤの範囲 | 広範囲で詳細 | それほど詳細である必要はない<br>ただし、財務DDは必須 |

が整備されておらず、決算書に多数の虚偽や誤謬が当然のように含まれています。

また、M&Aには、簿外債務などの大きな影響が生じる事象が潜在しているリスクがつきまといます。財務DDを実施しない場合、このようなリスクが潜在している不安をいつまでも拭えず、安心して交渉を進めることができません。

財務のプロである公認会計士に最低限のところを調査してもらうだけでも、安心感が違います。

法務DDや人事労務DDも基本的には、実施した方がよいでしょう。とくに、たとえば、建設業で労務管理体制が杜撰な場合などには詳細な検討を実施しておかなければ、M&A後に思わぬリスクを背負うことになりかねません。

## (2) 売手が資料を準備できない場合がある

DDは売手に膨大な資料を準備してもらう必要があります。

大手企業、とくに会計監査を受けている上場企業であれば、管理体制がきちんと整備されており、欲しい資料を要求すればすぐに準備してもらえるでしょう。しかしながら、中小企業の実態はそうはいきません。多くの中小企業では月次決算も実施していなければ、事業計画もありません。株主総会や取締役会を実施していない会社も少なくありません。

おそらく、必要資料リストには、最低でも50は掲載されており、100、200となることも珍しくありません。会計監査を受けていない一般の中小企業には準備することはかなりの労力です。

売手側としては、事前に少しずつ準備しておいた方がよいでしょう。資料が準備できない場合には、「管理体制が整備されていない」、という悪印象を与えてしまいます。売手アドバイザーが必要資料リストを確認して、まず、売手に存在する資料と存在しない資料に分別して、存在する資料についてはその内容をかみ砕いて売手に説明する必要があります。たとえば、退職給付債務の計上根拠資料を求められたとしても、通常の中小企業は退職給付会計など適用していないので、そのような資料はそもそも存在しません。100以上の資料を求められたが、内容を通査すると、売手に存在するのは、30種類くらいしかなかった、ということも珍しくありません。とはいえ、買手のDD実施者の立場からは、資料がないということを確認する必要もあるので多くの資料を要求されるのは仕方がないところです。売手アドバイザーが前捌きをしなければ、売手は大量の資料要請に準備のやる気をなくしたり、M&A

が面倒くさくなって撤回したりすることにもなりかねません。

買手としても、DDは会計監査や税務調査とは異なり、売手の義務ではありません。高圧的な態度は避け、資料が準備できなくても売手を非難するのではなく、中小企業なのだからしかたがないと割り切って、代替的手段を考えた方が現実的です。

## (3) 検出事項はあって当然

DD報告書に、検出事項(会計上の間違いなど、DDで発見された事項)が数多く列挙されているのを見て、はじめてM&Aを手掛ける買手が驚くことがあります。

上場企業であれば会計監査を受けており、会計上の問題は会計監査時に指摘されて修正されています。しかし、監査を受けている企業など、ごく一部であり、通常の中小企業は税務調査を受けたことはあっても、会計監査を定期的に受けているわけではありません。

しかも、税務調査と会計監査は指摘を受けるポイントが違います。税務調査はなるべく利益(所得)を「多く」したいという意図があるのに対して、会計監査はなるべく利益を「少なく」したいという意図があります。

たとえば、棚卸資産の中に販売できない資産があるとしましょう。会計上は商品の評価損を計上しなければなりません。しかし、税務上では、厳格な要件を満たしていなければ、損金に算入できません。従って、多くの中小企業はこのような評価損を計上していません。このように、会計と税務のギャップが多数あります。しかし、大手会計事務所にいて中小企業のＤＤに慣れていない会計士だと、このような検出事項を「粉飾だ」と大騒ぎしてしまいます。

検出事項はあって当然です。棚卸資産以外にも、回収不能な売掛金があったり、投資有価証券やゴルフ会員権の時価評価を実施していなかったりするのが通常です。また、税効果会計や退職給付会計など、上場企業では適用している会計基準も通常適用していません。このような事項をいちいち、大ごととしていては、中小企業の買収などできません。

しかし、中小企業であっても、問題となる会計処理はあります。たとえば、売上の架空計上や減価償却費の停止などです。このような意図的な会計処理があった場合には、売手経営者の誠実性に疑念を抱くべきです。

すべての検出事項を同じ重みづけで考えるのではなく、内容を吟味しなければ、実態が把握できないことに留意してください。

そもそも、検出事項のないピカピカの中小企業などほとんど存在せず、仮に存在したとしても、そのような会社は争奪戦となり、売却価格は跳ね上がります。検出事項にすべて値下げを要求していては、売手の売却意思が削がれてしまい交渉が決裂してしまうことが起こりえます。最初から、このような検出事項があることを想定した上で、購入希望価格を設定した方がよいでしょう。

大企業同士のドライなM&Aならともかく、売手が中小企業の場合には、検出された事項をすべて主張するのは現実的ではなく、どの程度主張するかについて検討した方がよいでしょう。

# 財務ＤＤを依頼するときの注意点

ＤＤの相談を受けた場合、あなたが税理士や公認会計士であれば、自分で財務ＤＤを引き受ければよいでしょう。そして、ビジネスＤＤは中小企業診断士に、法務ＤＤは弁護士に、人事労務ＤＤは社会保険労務士を必要に応じてそれぞれ紹介してアレンジすることになるでしょう。

では、たとえば、あなたが中小企業診断士で、Ｍ＆ＡのＦＡとして関わることになった場合、ビジネスＤＤは引き受けるにせよ、財務ＤＤを自分で引き受けるのは現実的ではなく、財務ＤＤは専門家を紹介する必要が生じます。また、ＤＤの中でも、財務ＤＤはスモールＭ＆Ａであっても実施されることが多く、専門家を紹介しなければならない機会が頻繁に生じます。下手な専門家を紹介したのでは、紹介者自身へのクライアントの信頼も揺らぎかねません。

では、このような場合に、どのような専門家に財務ＤＤを依頼するのがよいでしょうか。

## （1）公認会計士と税理士の違い

財務ＤＤを依頼するのは会計事務所になるでしょう。財務コンサルタントなどに依頼することも可能ですが、あまり一般的ではありません。

会計事務所の中でも、税理士よりも公認会計士の方がよいでしょう。一般に税理士と公認会計士は似たようなものと思われているかもしれません。士業であっても、税理士と公認会計士の違いを理解している方は多くありません。税理士の方が身近に感じていて、公認会計士が何をやっているかわからない、という方もいるでしょう。実は、公認会計士と税理士はかなり異なります。

たいていの公認会計士は、公認会計士試験に合格すると、監査法人というところに就職して、上場企業の会計監査を経験しています。上場企業は会計監査を受ける義務があり、その会計監査を実施することを唯一認められているのが公認会計士です。会計監査は上場企業の決算書が正しいかどうかをチェックする仕事です。会計監査は財務ＤＤとかなり似ています。ただし、会計監査が「監査基準」に則って作業を実施する必要があるのに対して、財務ＤＤ

では、そのような基準はなく、実施する調査は、依頼主である買手と依頼された公認会計士との合意によって自由に決定できる点で異なります。

一方、税理士は、税理士試験に合格（受験勉強中も）すると、会計事務所に勤務して、中小企業の税務実務を専門に扱っているのが通常です。具体的には、会社の記帳代行や、法人税や消費税の申告書作成を請け負っています。

そもそも、公認会計士は、株主などのステークホルダーのために、独立した外部の第三者として会社をチェックするのが役割です。それに対して、税理士は、会社のために、税務申告を実施します。実施する作業も、顧客とのかかわり方や立場も全く異なります。

ただ、公認会計士は大手の上場会社ばかりを見ているため、中小企業の実態に疎い会計士もいます。一方、税理士には、中小企業の実務に精通しているというメリットはあります。とはいえ、中小企業を相手にしているため、税務基準による実務には詳しいが、財務会計基準による本来のあるべき会計処理には疎い税理士も少なくありません。

買手の顧問税理士がＤＤを行う場合には、買手の事情を理解しており、ＤＤを通して売手の実態を理解してもらうことで、買収後の事業統合にも活かすことができる、というメリットがあります。しかしながら、必ずしも顧問税理士がＤＤに精通しているとは限らないことには注意が必要です。

では、会計事務所にはどのような特徴があるのでしょうか。

### （2）大手会計事務所は料金が高く、中小のＤＤには慣れていない

会計業界の大手として、「Ｂｉｇ４」が有名です。それぞれ世界の大手会計事務所と提携しており、トーマツ（Ｄｅｌｏｉｔｔｅ）、あずさ（ＫＰＭＧ）、新日本（ＥＹ）、ＰｗＣあらた（ＰｗＣ）の４つです。

日本の上場企業のほとんどがＢｉｇ４の会計監査を受けています。たとえば、トヨタの会計監査人はＰｗＣあらた有限責任監査法人です。トヨタの米国子会社は連結対象ですが、日本のＰｗＣあらたが米国まで出向いて会計監査を実施するのは非効率です。そこで、ＰｗＣあらたが、米国のＰｗＣに対して監査の指示を出します。ＰｗＣあらたの指示書に基づき、米国のＰｗＣは監査を実施して、ＰｗＣあらたに対して監査結果を報告します。

このように、グローバル化が進んだ現代においては、大手企業の会計監査を実施するためには、海外事務所との提携が不可欠です。大手会計事務所Ｂｉｇ４は世界中にネットワークを貼り巡らせ、グローバルで業務を展開しています。日本の独立している会計士も、多くがもともとはＢｉｇ４の出身です。

もちろん、品質も高いのですが、なにより彼らがスゴイのは、「ブランド力」です。経営者も「Ｂｉｇ４であれば、問題ないだろう」と手放しに信頼します。Ｂｉｇ４の存在を知らない上場企業の経営者はまずいません。財務会計に疎い経営者であっても、会計監査で監査法人からインタビューを受けたり、ときにはディスカッションをしたりするからです。大手同士のＭ＆Ａであれば、Ｂｉｇ４が一枚噛んでいることは間違いありません。大手企業のＭ＆Ａや、グローバルなＭ＆Ａであれば、Ｂｉｇ４の力を借りざるを得ないでしょう。

しかし、Ｂｉｇ４に依頼するためには報酬が高額になります。中小会計事務所とは、桁が一つ違うことも珍しくありません。また、そもそも、小規模のＤＤは、彼らにとって割に合わないため、引き受けてもらえないこともあるかもしれません。

依頼できたとしても、中小企業のDDに慣れていません。大手になればなるほど、杓子定規でマニュアル的な対応になってしまうのはどこの業界も変わりません。

大手企業のサラリーマン時代にM&Aを担当した際に、Big4にDDを依頼したことがあるので、スモールM&AのDDにおいてもBig4を起用しよう、と考えるのは、あまり現実的ではありません。

## （3）中小・個人会計事務所は品質が千差万別

大企業のM&Aでは、調査範囲が広いため、たとえば、100人日を超える大勢のDDスタッフを確保する必要がある場合もよく生じます。こうなると、会計事務所も人員を確保するのがなかなか難しくなり、依頼できる会計事務所は限られます。しかし、中小企業のM&Aでは、それほど膨大な調査を実施するわけではありません。実地調査は2〜10人日も確保できれば足ることが通常です。

たとえば、小規模企業のDDであれば、準備3日、実地調査2日、報告書作成5日、合計

10日程度で終わらせてしまいます。
個人の会計士だけで、場合によってはヘルプの会計士も数名呼べば十分、完了できます。ですので、あまり会計事務所の大小に拘る必要はなく、個人の会計士でも問題ありません。

スモールM&Aにおいては、中小個人会計事務所に依頼するのが通常です。報酬も手ごろであり、中小企業の実態にも慣れているからです。個人の会計士であったとしても、上手く選べば、Big4で経験を積んだベテラン会計士がフットワーク軽く、リーズナブルな報酬でDDを提供してくれるでしょう。

しかし、一方で、必ずしも品質が確保できるとは限りません。能力不足の会計事務所に依頼したため、簿外債務を見逃し、買収後に大きな問題となってしまっては、DDの意味がありません。

では、信頼できる中小個人会計事務所はどのように探せばよいのでしょうか。
まずは、依頼してはいけない会計事務所は、無資格の若いスタッフをDDの現場に派遣してくる会計事務所です。有資格の所長やベテランマネージャーが契約のときだけ訪問して、実際の作業は下っ端の無資格スタッフが実施している、そんな会計事務所が数多くあります。

おそらく、そのような事務所のＤＤでは、スタッフがテンプレートに則った作業を実施して、形式的な報告書を納品するだけで、ＤＤの成否にかかわる実質的な問題点をあぶり出してくれることは望めません。

もちろん、現場のすべてを公認会計士だけで回すことは難しい場合もあります。しかし、その場合でも、現場のコントロールには、ベテランの有資格者を駐在させる会計事務所の方がよいでしょう。

つぎに、信頼できる個人会計士をどのように探せばよいでしょうか。

やはり、口コミが最も確実です。ＤＤを経験したことのある者や、会計士や士業の知り合いに聞いてみるとよいでしょう。

また、ＤＤのスコープ（範囲や業務量）ごとの料金表を準備している会計士は、ＤＤに慣れている可能性が高いでしょう。ＤＤは一律ではなく、どこまでやるかは、買手の判断しだいであることを理解しているからです。

できれば、会計だけではなく、多少なりとも、人事労務や法務もわかる会計士だと便利です。たとえば、退職金規定を見ただけで、会計的な退職給付債務の検討をすると同時に、労働法に適合しているか、などの労務的な検討も同時にできるからです。人事労務ＤＤや法務

DDを実施する余裕がなく、財務DDのみを実施する場合でも、財務DDを通して、最低限の法務や人事労務を見ておいてもらうとよいでしょう。この場合、多少の追加報酬も覚悟する必要がありますが、費用対効果は高いでしょう。

ただし、腕の良い会計士は仕事の引き合いも多く、予定が埋まっている場合も多いので、余裕をもって相談しておいた方がよいでしょう。

# 法務ＤＤの目的

買主側の場合、Ｍ＆Ａにおける弁護士の主な役割の一つとして、法務ＤＤの実施があります。また、売主側の立場でも、法務ＤＤを受けるにあたってのアドバイスを求められることがあります。

法務ＤＤには、主に次のような目的があります。

## (1) M&A取引実行の妨げとなる法的問題点の発見

例えば、「Ｍ＆Ａ取引の実行が売主側の重要な契約の解除事由になっている」、「売主が対象会社の株式の真の所有者ではなかった」、「売主側の事業の根幹をなす技術が第三者の知的財産権を侵害していた」、など、Ｍ＆Ａ取引実行の妨げとなる法的問題点の発見が挙げられます。なお、Ｍ＆Ａ取引のスキームによって取引実行の妨げとなる程度が異なるため、各スキームの特徴を理解したうえで対応方法を検討する必要があります。

## （2）対象会社の価値評価に影響を及ぼす法的問題点の発見

例えば、売主側の経済的インパクトの大きい偶発債務（訴訟、リコール、未払い労働債務等）の存在の発見が挙げられます。

## （3）その他買主側として把握しておくべき法的問題点の発見

例えば、売主側のコンプライアンス意識が低く、将来的に買主側の社会的評価に悪影響を及ぼす不祥事が発生するおそれがあるといった点などの発見が挙げられます。

法務ＤＤは、以上の観点から、主として法律上の問題点について調査・検討を行うものです。しかしながら、中小企業のＭ＆Ａの場合、コストの関係で法務ＤＤを一切実施せずに、弁護士が契約書の作成等にのみ関与する事例もあるようですが、これは非常に危険なことであると言わざるを得ません。法務ＤＤの重要性に鑑みれば、ポイントを絞り、コストを抑制するなどの工夫をしたうえで、必ず実施すべきであると考えます。

# 法務ＤＤの範囲及びチェックポイント

法務ＤＤの範囲は、次のとおり、本来は広範・多岐に及びます。

・会社組織関係
・株主構成等
・関係会社等
・不動産
・動産その他の営業上重要な資産
・重要な契約関係
・人事労務問題
・知的財産権

・訴訟等の紛争
・許認可・コンプライアンス・環境問題

このように、法務DDの対象は相当広範囲であるため、徹底的に実施することは時間的・経済的コストの点からも現実的ではありません。そこで、業種や企業規模等対象会社の特徴や想定スキームに応じて、ポイントを絞って、重点項目を中心に実施する必要があります。

例えば、製造業であれば、工場用地の不動産の使用権原の有無、環境問題等について十分なDDを実施することが必須になりますし、製造物責任についてリスク管理体制の確認が必要となります。また、知的財産権について確認する必要が生じることもあります。

対象会社の企業規模がある程度大きく、多数の契約が存在する場合であれば、契約書全てについて個々に確認するのは現実的ではないため、主要な取引先との契約書を優先的に確認し、また、契約書のひな型がある場合は、それを確認するなどして効率化を図るべきでしょう。

対象会社の事業が許認可を要するものであれば、必要な許認可を実際に得ているか、M&A取引実行後は許認可の効力はどのようになるのかといった点を必ず確認することになります。

中小企業のM&Aの場合、スキームとしては株式譲渡か事業譲渡がほとんどかと思われますが、想定スキームとして、株式譲渡を想定しているのであれば、株主は誰なのか、株式を譲り受けることは可能なのかを確認することが必須となります。

また、中小企業の場合、簿外の未払い労働債務が相当額存在していることが多々ありますので、この点の確認も重要です。

効率的な法務DDを実施するためには、事前に入手した資料の十分な検討だけでなく、買い手との密接な事前打合せが必要です。事前準備に十分な時間を割くことは、その後の円滑なDD実施に有意義であると考えます。

なお、特に問題となりやすい重要なポイントとしては、次のような項目が挙げられます。

①会社組織関係
②事業継続に不可欠な不動産・動産等の営業上重要な資産の使用権原の確認
③重要な契約関係（チェンジ・オブ・コントロール条項等）
④人事・労務（未払い労働債務等の偶発債務の存否等）

⑤スキームが株式譲渡の場合は株式に関する権利関係
⑥対象会社が知的財産権を保有している場合はその権利関係
⑦対象会社が許認可を保有している場合は許認可関係
⑧対象会社に訴訟が係属したことがある場合は訴訟等の紛争関係

# 法務DDの流れ

法務DDは、一般的には次のような流れで進められます。

## (1) 事前準備

買主側の立場で法務DDを実施する場合、まず、依頼者である買主と事前協議を行います。対象会社の概要、M&A取引全体の概要をまず理解し、その上で法務DDの範囲を協議の上、決定します（前述のとおり、重要な項目に絞って調査する等）。

買主との事前協議後、売主側も含めた関係者によるキックオフミーティングを行うことが一般的です。この場で、売主、買主の関係者の顔合わせを行い、DDの実施方法、例えば、DD実施期間、開示を求める資料のリスト・開示方法、資料のコピーの可否、担当者へのインタビューの方法、経営陣へのインタビューの方法等についての確認を行います。

そして、買主側から提示された開示請求資料リストをもとに、売主側は資料の準備を行います。

## (2) DDの実施

具体的なDDは、一般的には資料開示から始まります。資料は、コピーで渡されることもありますが、売主側の会社内にいわゆる「データルーム」が設けられ、そこで原本を開示されることもあります。なお、データルームでの開示の場合、必要に応じコピーが許される場合もあれば、そうでない場合もありますので、事前に確認しておく必要があります。

資料の検討が一定段階まで進んできたころに、資料内容の疑問点等について、経営陣や担当者へのインタビューを設定するのが一般的です。インタビューは事前に質問リストを作成して行います。

## (3) DD報告書の作成

最終的には、法務DD報告書の形で依頼者である買主に報告します。個々の案件の特殊事情にも配慮しつつ、依頼者にわかりやすいような項目立てを工夫しながら報告書を作成します。DDの性質及び限られた時間の制約上、原則として開示された資料及びインタビューの結果に顕れた事実が正確であることが前提とされるのが一般的です。

## (4) 法務DDの結果の反映

### スキームの変更

DDで発見された問題点が、当初予定していたスキームでは回避できないものの、スキームの変更で回避できる場合には、スキームの変更により対応できる場合があります。例えば、対象会社にA事業とB事業があり、当初、株式譲渡のスキームによる両事業の取得を予定していたが、DDにより、B事業に潜在債務があることが判明した場合、スキームを変更して、事業譲渡又は会社分割のスキームでA事業だけを譲り受けることなどが考えられます。

### 取引実行の前提条件・誓約事項・表明保証等の追加

DDにより問題点が発見された場合、問題点を改善することを最終契約において取引実行の前提条件にしたり、誓約事項としたりすることで対応する場合もあります。例えば、工場の敷地が経営者個人の所有地であるにもかかわらず、賃貸借契約を締結しておらず、事実上、工場敷地として使用している場合に、賃貸借契約を締結して使用権原を確保することを取引実行の前提条件とすることで対応したりします。

**取引価格への反映**

ＤＤにより問題点が発見された場合に、譲渡価格等に反映させることで対応することも考えられます。

**取引の中止**

重大な問題が発見され、前述のような方法では対応不能な場合は、取引中止という結果になることも稀有ではありません。

一般的には、財務ＤＤと比較して、法務ＤＤで発見された問題点の対応策は、取引価格へ反映させるという対応は少なく、スキームの変更や最終契約条項等において対応することが多いとされています。

【参考文献】

・長島・大野・常松法律事務所編「M&Aを成功に導く法務デューデリジェンスの実務〔第3版〕」（中央経済社）
・加藤真朗編著「弁護士・公認会計士の視点と実務　中小企業のM&A」（日本加除出版）
・日本弁護士連合会　日弁連中小企業法律支援センター編「中小企業法務のすべて」（商事法務）

会社紹介

# 株式会社Ｍ＆Ａの窓口

我々は事業、顧客、社会（従業員）それぞれの「三方良し」を実現する、事業の継続的発展支援サポーターであり続けます。
我々は中小・個人事業（スモールビジネス）専門に特化したのM&Aのプロフェッショナル集団です。
日本経済の活力の源泉となる中小・個人事業の発展を第一に、スモールM&Aの仕組みづくりを通して貢献しつづけます。
スモールビジネスに精通した専門家で構成されたプロフェッショナル集団だからこそ可能な、きめ細かな親身になったサービスで、中小企業の事業継続をお手伝いします。

株式会社Ｍ＆Ａの窓口
東京都品川区東五反田5-25-16 HF五反田ビルディング8階
URL：http://ma-madoguchi.co.jp/

## 加藤 剛毅（かとう ごうき）

武蔵野経営法律事務所 代表弁護士・中小企業診断士
1977年 埼玉県生まれ
早稲田大学法学部卒業。東洋大学大学院経営学研究科ビジネス会計ファイナンス専攻 博士前期課程（中小企業診断士登録養成コース）修了（経営学修士）
都内の企業法務系事務所に計５年間勤務した際、中小企業のＭ&Ａ案件や事業再生案件を多数経験。
現在は、中小企業法務（事業再生・事業承継案件、人事労務案件等）の他、個人の相続案件に特化して活動している。

## 藤田 隆久（ふじた たかひさ）

エキスパート・リンク株式会社 代表取締役社長、株式会社Ｍ&Ａの窓口 代表取締役
1973年 大阪市生まれ
中小企業診断士
数百社以上のコンサルティング、主としてサービス産業の企業成長・組織変革支援、新規事業開発支援、IPO（株式上場）支援、事業承継・M&A支援など実績多数。
上場企業をはじめとした社外役員や大学院等で社会人教育にも従事。
横浜国立大学大学院経営学研究科修士課程（MBA）修了。

著者紹介

## 佐藤 健（さとう つよし）

株式会社M&Aの窓口 代表取締役社長、エキスパート・リンク株式会社 取締役
1964年 福岡生まれ
大手経営コンサルティング会社にて、ＦＣシステム構築、経営戦略立案、新規事業支援、幹部研修等、主に中小企業のコンサルティングに従事。
その後、ベンチャー企業の取締役を経て現職。
現在は、主に譲渡金額５億円以下のスモール企業のM＆Aを手掛ける他、各種金融機関及び経済団体にてＭ＆Ａセミナーの講師等も務める。

## 貝井 英則（かいい ひでのり）

貝井経営会計事務所代表 株式会社M&Aの窓口 取締役
1978年 奈良県生まれ
公認会計士 税理士 中小企業診断士 社会保険労務士 証券アナリスト システム監査技術者 宅建士 保育士
M&Aのディールはもちろん、企業価値評価、デューデリジェンス、PMI、M&A部門立ち上げなどM&A関連実務にも精通。
M&A業界では「困ったら、とりあえず貝井」と名を轟かせる、M&Aのオールラウンドプレーヤー。
京都大学総合人間学部卒。

カバーデザイン
mammoth.


# 士業《しぎょう》のためのスモールM&A入門《エムアンドエーにゅうもん》

発行日　2020年　4月　2日　　第1版第1刷

著　者　株式会社《かぶしきがいしゃ》 M&A《エムアンドエー》 の窓口《まどぐち》
佐藤《さとう》 健《つよし》／貝井《かいい》 英則《ひでのり》／
加藤《かとう》 剛毅《ごうき》／藤田《ふじた》 隆久《たかひさ》

発行者　斉藤　和邦
発行所　株式会社　秀和システム
〒135-0016
東京都江東区東陽2-4-2　新宮ビル2F
Tel 03-6264-3105（販売）　Fax 03-6264-3094
印刷所　日経印刷株式会社　Printed in Japan

ISBN978-4-7980-6064-4 C0034